ひらめき！食べもの加工

おもしろ実験アイデアブック

岡本 靖史 著

はじめに

いつもはスーパーやコンビニで買っている加工食品が、意外と簡単に手づくりできることを知っていますか？　それらをイチから手づくりするのも楽しいのですが、この本は、それだけでは終わりません。

「草もちってヨモギからつくるのか……。だったら、そのへんの雑草や緑の野菜でつくったらどうなる？」

そんなふとした疑問が「できるかも！」という「ひらめき」にかわったら、それを実際に試してみるのです。

だから、はじめから「できるわけない！」と決めつけるのは禁止。「こんなのできたらいいな」という「ひらめき」は、大人よりこどものほうが得意かもしれません。

『ひらめき！　食べもの加工』のポイントは、大人もこどもも、同じ土俵でアイデアを出せるから、教えてあげる・遊んであげるのではなく、同じ立場で楽しめることです。

まずは、この本を片手に食べもの加工をはじめてみてください。身近な食材で工作感覚であっという間にできるものもあれば、発酵や糖化といったもう少し複雑な加工の原理を利用したものもあります。

きっと、なにかがひらめき、もっと実験したい気持ちが、むくむくと芽生えてきますよ!!

目次

はじめに →1
この本の使い方 →4

おやつ

ぷるぷるグミ →6
- point 型がないときはどうするの？
- 原理 ゼラチンってなに？
- 実験 梅干し／味噌／イチゴ／キウイ／ニンジン／マーマレードジャムなど

グルテンガム →10
- point もみこみ方のコツ
- 原理 グルテンってなに？
- 実験 ホップ／ハチミツ／シナモンなど
- 応用 生麩まんじゅう

春の草もち →16
- point 丸め方のコツ
- 原理 上新粉と白玉粉
- 実験 ハハコグサ／シュンギク／ミント／オオバコ／タンポポなど

なんでもジャム →20
- point 砂糖やレモンを加える割合
- 原理 ジャムのとろみ、ペクチン
- 実験 トマト／パプリカ／オクラなど
- 応用 ペクチン液

麦芽水あめ →26
- point 乾燥麦芽をつくるには
- 原理 砂糖なしで、甘くなるのはなぜ？
- 実験 サツマイモ／カボチャ／ジャガイモ／キクイモ／バナナ／アボカドなど

アルミ缶アイス →30
- point アルミ缶の仕込み方
- 原理 氷に塩を混ぜるわけ
- 実験 酒粕／ゴーヤー／ショウガなど
- 応用 トルコ風のびーるアイス

column
1 ひらめき実験のはじめ方 →15
2 お母さんに怒られない工夫 →25
3 くれぐれも安全にはご注意を! →35
4 図書館へ行こう →49
5 オヤジの七つ道具 →55
6 こどもの誘い方 →61
7 あると便利！ 手づくり道具 →74

おかず・おつまみ

カッテージチーズ →36
- point 固まりにくいときは
- 原理 牛乳が固まるのはなぜ？
- 実験 酢／パイナップル／梅干し／グレープフルーツなど

カラフルかまぼこ →40
- point いろいろな形のつくり方
- 原理 すり身に塩を加えるのはなぜ？
- 実験 アジ／クジラ／イカ／エビ／サケ／マグロなど

中華鍋くんせい →44
- point 図解 中華鍋くんせい器
- 原理 くんせいとは
- 実験 豆腐×ドクダミ／シシャモ×ローリエ／ドライフルーツ×コーヒーかす
- 応用 手づくりソーセージ

スピードぬか漬け →50
- point 風味づけにおススメなもの
- 原理 ぬか床ができるわけ
- 実験 エリンギ／シシトウ／ゆで卵など
- 応用 ぬか床のお手入れ６カ条

枯れ草納豆 →56
- point 鍋で大豆を上手に煮る方法
- 原理 納豆ができるわけ
- 実験 ススキ／ササ／ヨシ／アケビなど
- 応用 ワラづとのつくり方

のみもの

炊飯器甘酒 →62
- point 甘酒の保存の仕方
- 原理 甘酒が甘いのはなぜ？
- 実験 レンコン／大豆／麦／ダイコン／洋ナシなど

天然サイダー →66
- point サイダーの飲みどきは？
- 原理 サイダーになるのはなぜ？
- 実験 桑の葉／イチジクの葉／ビワの葉／メロン／バナナ／葉ショウガなど

こどもコーヒー →70
- point マテバシイの見分け方
- 実験 タンポポの根っこ／大豆／玄米

手もみ紅茶 →72
- 原理 茶葉の「発酵」
- 実験 桜（葉）／リンゴ（皮）／ドクダミ（葉）

用語解説 →76
材料さくいん →79

この本の使い方

こどもを喜ばせるだけじゃなく、自らも心の底から楽しむ、それがオヤジのモットー。そんなオヤジがおすすめする15の食べもの加工と、実験の数々を紹介します。ちょっとしたコツや、こどもといっしょにつくるときのポイントも満載です。

私がオヤジです。
失敗はご愛嬌。
楽しくやりましょう！

❶ちょっとしたコツや注意点。
❷つくり方の手順を写真付きで紹介。
❸つくり方のポイントやお役立ち情報を解説。
❹むずかしい言葉は、◆印をつけ、巻末の用語解説でくわしく説明しています。
❺加工の難易度（工程の複雑さ、火やナイフの使用の有無などが基準）、こどもの興奮度（作業のおもしろさ、結果の意外性などが基準）、かかる時間を表示。

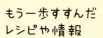
もう一歩すすんだ
レシピや情報

- ❻ 色や味、形が変わるふしぎの秘密、食べもの加工の原理を解説。
- ❼&❽ オヤジとこどもが、食べてみた感想。おいしかったものも、まずかったものも(つつみかくさず)のせています。
- ❾ 実験したときの分量の例。あくまでも目安なので、自分でつくるときは調整してください！
- ❿ 実験を振り返ってのオヤジのコメント。発見や反省点もいろいろアリ。

ぷるぷるグミ

まぜて、チンして、固めるだけ。
あっという間にできる、簡単おやつ。
火もナイフも使わないから、こどもだけでも安心。
色や形はアイデア次第で無限大。

> 型の内側に油の膜をつくると、グミが型にくっつきにくくなる

> ダマになってしまうので、ゼラチンは液体を加熱する前に混ぜる

① キッチンペーパーに油をしみこませ、製氷皿(型)の内側に薄く塗る。

② コップにジュースを入れ、粉ゼラチンを入れてよく混ぜ、約5分ふやかしておく。

③ ラップをせず、電子レンジで約30秒加熱。加熱後、スプーンでよく混ぜる。
※湯せんで温めてもいい

---

point 型がないときはどうするの？

○ コーンスターチの上にたらす

平らな容器にコーンスターチを入れてならす。くぼみをつけ、グミ液を流し込む。

○ お皿の上にたらす

平らなお皿にグミ液をたらす。ぽとぽとたらせば丸いグミに。長くたらせばひも状に。

材料 約10個分

100%果汁ジュース
　…60mL
粉ゼラチン…10g
ハチミツ
　…大さじ2（30g）
型に塗る油…適量

道具

キッチンペーパー
耐熱性のコップ
電子レンジ（500w）
スプーン
製氷皿または
シリコン素材の型

シリコン素材の型

難易度

こども興奮度

おおよその時間
60分

💬 甘さ控えめの場合は、ハチミツの量を少なくする

💬 冷めると固まってしまうので、すばやくやろう！

💬 片栗粉やコーンスターチをまぶしておくと、グミ同士がくっつかない

④

⑤

⑥

❸にハチミツを加えて混ぜ、ラップをせずに電子レンジで約30秒加熱する。

❹のハチミツ入りのゼラチン液が熱いうちに、スプーンで型に流し入れる。

冷蔵庫で20分冷やして、完成。

加工の原理　ゼラチンってなに？

ゼラチンは、動物の骨や皮などに含まれるコラーゲンを長時間加熱し、溶け出たタンパク質を抽出・精製・乾燥させたものです。熱すると溶け、冷やすと固まる性質があり、何度でも溶かしたり固めたりできますが、一度沸騰させるとタンパク質の性質が変わり、固まりにくくなります。海藻が原料の寒天も液体を固めますが、沸騰させて煮溶かさないと完全に溶けず、一度固まると再び溶けることはありません。

冷やすと固まるゼラチン

ぷるぷるグミ　おやつ

実験

自家製3年もののこだわり梅干し、野菜やくだものなどの素材で、いろいろなグミをつくってみた。すべて、ハチミツを大さじ2加えて甘味をつけた。ゼラチンの量を増やすと、グミが固くなる。

梅干し

ムスメ ○
オヤジ △

梅干しが好きな人は、はまる味！ 塩味がききすぎて、ちょっときつかったけれど、加熱したせいか、酸味がまろやかになっていた。

つぶした果肉10g、
水60mL、
ゼラチン10g

味噌

名古屋人 ○

口の中で味噌の風味と甘さが絶妙な感じで広がる。酒のつまみにもなりそう。でも名古屋人にしか受けない味かも？

味噌16g、
水60mL、
ゼラチン10g

イチゴ

○

あまり甘くないイチゴジャムの味。フルーティーさを期待していたが、すっぱさが熱で飛んだのか、少し期待外れ。

つぶした実50g、
水15mL、ゼラチン10g

キウイ

○

あまり甘くないキウイジャムの味。これもイチゴ同様、フルーティーさがなかった。タネの粒々の食感は、手づくり感があってよかった。

つぶした実50g、
水15mL、ゼラチン10g

> オヤジの ふり返り
>
> 電子レンジを使うと簡単にできることに、ちょっとビックリ！ プルンとした食感は、市販のグミそのもの。シリコン素材の型は形がいろいろあって、取り出しも楽です。

✕ ニンジン

ニンジンの野性的な苦味が出ていて……。ニンジンが嫌いになりそうな味。ニンジンジュースでリベンジしたい！

すりおろしたニンジン 50g、水 15mL、ゼラチン 10g

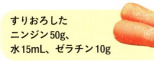

◎ ヨーグルト

まろやかで優しい味。ハチミツともよくマッチしていて、とてもおいしい！ またつくりたい味、No.1！

ヨーグルト 50g、水 15mL、ゼラチン 10g

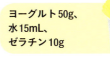

◯ マーマレードジャム

さわやかなほろ苦さと香りも楽しめる、ちょっと大人のグミの味。ブランデーを入れると、さらに大人味になるかもしれない。

ジャム 70g、水 45mL、ゼラチン 10g

◯ ビール

まずい味を想像していたが、意外においしかった。ビールの苦味に嫌みがなく、甘さと妙にマッチングしていた。

ビール 60mL、ゼラチン 10g

ぷるぷるグミ　おやつ

グルテンガム

パンやうどんのもちもち感やコシのもと、"グルテン"を小麦粉から取り出してみよう。
口に入れて、噛んでみたら……
あっ！ これってガムみたい!?

\ ビニール袋に粉と水を入れ、モミモミしてもいい /

\ よいしょ よいしょ /

\ グルテン 熟成中…… /

1 塩を水に溶かして強力粉に加え、均一に混ざるようスプーンなどで混ぜ合わせる。

2 ひとつにまとまるように強力粉をこね、手のひらに体重をかけてよく練る。

3 ラップをかぶせ、1時間ほど室温で置く。

※休ませることで、さらに粘りや弾力が出てくる

point もみこみ方のコツ

\ つやっとした質感 /

1 水にドボンと浸ける。はじめは手からこぼれるほど大きい

\ ガシガシ /

2 さらに力を入れてもみ込む

\ 溶けてなくなったりしないよ！ /

3 最後は半分くらいに。デンプンが抜け表面はボコボコ

材料 3〜4個

小麦粉(強力粉)※…100g
(約50gのグルテンを取り出せる)
水…40mL
塩…少々
砂糖…少々

※よく料理で使うのは、薄力粉。薄力粉でもできるが、グルテン含有量が少ないので、強力粉の1/3しか取り出せない。

道具

ボウル
スプーン
ラップ

強力粉はパンづくりに使われる

難易度
こども興奮度
おおよその時間
60分

❹ 水(分量外)をたっぷり入れたボウルに、❸をつけてよくもむ。
※もむと出てくる白く濁ったものは"デンプン"

水が濁らなくなったらOK

❺ 水が真っ白に濁ったら、そのたびに水を替え、10分ほどもみ続ける。

ガムのように噛むだけにしよう。飲み込むとノドがつかえるかも

❻ 手の中でぎゅっと握って水分をしぼり、砂糖をまぶして少しもみ込む。

加工の原理 グルテンってなに？

グルテンの主な成分は「グルテニン(びよーんと伸びる性質)」と「グリアジン(ネバネバくっつく性質)」という2種類のタンパク質です。粉の状態では、2つはバラバラに存在していますが、水を加えてこねることでつながります。塩を加えたのは、グルテニンとグリアジンの結びつきをより強くする作用があるからです。
さらに生地をこねると、複雑に絡まりあった網目状の構造になり、ネバネバでよく伸びるグルテンガムになります。

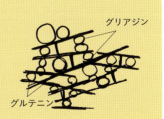

グルテニンの間にグリアジンが入り込み、網目構造に

グルテンガム おやつ

実験

味がないのはガムじゃない！ ということで、味付けに挑戦。グルテンを15gずつにちぎり、ホップなどの"味付けのもと"といっしょに、ミルサーに入れて混ぜてみた。

✕ ホップ

砂糖を加えたのに、とにかく苦い！ 後から苦さがじわじわと押し寄せてきます。手づくりビールの材料として売っている乾燥ホップを使いました。

乾燥ホップ微量
＋
砂糖8g

◯ ハチミツ

自然な甘さがとってもヘルシーで、今までのガムの味にはない感じ。似た味の系統でいくと、メープルシロップもいい感じに仕上がるのでは？

ハチミツ4g

✕ かば焼のタレ

見た目にもちょっと……とためらいましたが、予感的中！ なんでガムがウナギ味なんだ〜！ と思うぐらい、ガムとは無縁な味でした。

かば焼のタレ5cc

◎ シナモン

いい感じです。なぜシナモン味のガムがないのか不思議です。噛んでいると、シナモンの味が気分をスッキリ！ 爽快にしてくれます。

シナモンパウダー1g
＋
砂糖4g

> **オヤジのふり返り**
> グルテンガムは、長く噛んでも味がなくなるだけで、いやな後味がまったくないんです。シナモン味とお茶味は商品化して、おやじブランドで売り出してみたいです。

○ ブルーベリー

色の鮮やかさにひかれますが、食べてみると期待していたブルーベリーのすっぱさがないので、ややパンチが足りない。おとなしい味。

ブルーベリージャム 3g

◎ グリーンティー

食べて落ち着ける味。ガムとお茶の取り合わせは結構いけますね〜！ なんでお茶味のガムがないのか不思議です。

緑茶の茶葉 6g

△ シソ

砂糖を加えました。ガムのイメージと結びつかず脳が拒絶。ガムと思わなければ、取り合わせ的にはいいと思います。ゆかり好きにはいいかも？

ゆかりふりかけ 4g
＋
砂糖 4g

○ ミント

ミントというよりも、ヨモギの葉の味がしました。一度は食べてミントいけない味ですね！

ミントの生葉 10枚

応用 生麩(なまふ)まんじゅう

グルテンでつくる食べものをもう一品。乾物ではおなじみのお麩は、じつはグルテンが原料。生のお麩を使って「生麩まんじゅう」をつくってみよう。ぷるぷる食感がたまらない!

材料　約10個分

グルテンガム(12〜13ページでつくったもの)…30g
もち粉…150g、水…120mL
こしあん(市販のものでOK)…250g

道具

包丁、まな板、ボウル、鍋

1 グルテンを細かく刻む。もち粉の約1/4量を加えてさらに刻み、混ぜ込む。

2 ❶に残りのもち粉と水を加えて手でよく練り、粒がなくなるまで混ぜる。

3 生地がまとまってしっとりしたら、手でちぎり、10個くらいに分ける。

4 生地を丸く平らに伸ばし、丸めたこしあんを包み込む。

5 70〜90℃のお湯で10〜15分ゆでる。

6 まんじゅうの生地がすきとおってきたら、冷水に入れて冷やし、水を切って完成。

> **point** グルテンを刻むときにもち粉をよく混ぜ込むと、まんじゅうの食感がよくなります。生麩まんじゅうは、冷凍庫でも保存できます。食べるときは、冷水につけて解凍すると、みずみずしくぷるんとした食感になります。

column 1

ひらめき実験のはじめ方

其の一 まずは原理を知る

加工の原理をあらためて知ると、へーと感心して、実験がひらめくきっかけになることがあります。たとえば"菌"。「納豆をつくるには納豆菌が必要……ん？ 納豆菌ってなんだ？ どこにいる？」と調べると、納豆菌が稲ワラ以外にもいることを知ります。そして「納豆菌がいそうなほかの草で、納豆はつくれるのか？」という実験（→56ページ）がひらめくわけです。

其の二 果てなき追加実験

実験は何度も、素材もいろいろ試すので、自然と上手になってきます。すると、もっと極めたい！ もっとマニアックに！ となるのは、私だけでしょうか……。
たとえば「グルテン（→10ページ）」。ガムだけでなく、生麩まんじゅうや、グルテンミートのトンカツ（本にはありませんが）を追加でつくって楽しみました。
でも「6日はき続けたオヤジの靴下に納豆を仕込んだらどうなるか？」など、やる前に人に止められて考え直した実験もあります。

其の三 どんな素材で試す？

納豆なら「納豆菌がいる枯れ草」、水あめや甘酒なら「デンプンが多い作物やくだもの」というように、素材のもつ性質が加工の原理に深くかかわっていることがあります。
そんな場合、原理にかかわっていそうな素材をできるだけ多くあげ、そこからおもしろそうなものを選んで応用実験していきます。
グミやガムなど、「味付け」にバリエーションを持たせたい場合は、基本はなんでもあり。「食べてみたい！」というアイデア勝負です。

へえー、意外といけるじゃん

グルテンミートでなんちゃってトンカツをつくってみた！

春の草もち

春先の新芽なら、アク抜きも簡単。
おもちを蒸すのは電子レンジにおまかせ。
お散歩中に見つけた草を摘んだら、
すぐにつくれる春の味。

夏や秋でも、てっぺんの新芽
ならやわらかいので使える

①
水で洗ったヨモギを、塩を
ひとつまみ入れたお湯で
1〜2分ゆで手早く冷水に
とる(アク抜き)。

②
軽くしぼって水を切った
①を、包丁で細かく刻む。

※繊維があるので、刻んでおく
と粉に混ざりやすくなる。

③
刻んだヨモギと上新粉、白
玉粉、砂糖をすり鉢に入れ、
熱湯を少しずつ加えながら、
すりこぎで混ぜる。

point 丸め方のコツ

1
棒状に生地をのばす

2
同じくらいの大きさにちぎる

3
片手でキュッとにぎったあと、両
手ではさんで転がし、丸める

材料　約10個分

- ヨモギ…20g
- 上新粉…160g
- 白玉粉…40g
- 砂糖…60g
- 熱湯…200mL
  （塩をひとつまみ入れる）
- 砂糖水(手水用)…適量

道具

- 鍋、包丁
- まな板
- すり鉢
- すりこぎ
- 平らな皿
- ラップ
- 電子レンジ

すり鉢とすりこぎでミニもちつき

難易度
こども興奮度
おおよその時間
1時間30分

加熱しすぎると、もちが弾けてお皿にべったりつくので注意

すりこぎをときどき水でぬらすと、くっつかない

＼もちもち♥／

④ お皿に生地を入れて平らにならし、ラップをかけて電子レンジで2〜3分加熱する。

⑤ 熱々の生地をすり鉢に戻し、すりこぎでついたりこねたりしてもち状にする。

⑥ ⑤を一口大にちぎり、砂糖水を手につけながら丸める。あんこやきなこをつけて食べると、よりおいしい。

加工の原理　上新粉と白玉粉

2つの粉を混ぜるのは、ほどよい歯ごたえ（上新粉）とやわらかさ（白玉粉）のある、もちにするためです。上新粉はうるち米（ふつうのお米）、白玉粉はもち米を原料とした粉です。うるち米ともち米の違いは、デンプンの成分であるアミロペクチン（お米をもちもちの食感にする）の割合。うるち米のデンプンには、アミロペクチンとアミロースという成分が含まれていますが、もち米のデンプンは、ほとんどがアミロペクチンです。

好みで白玉粉の割合を増やしてもいい

春の草もち　おやつ

実験

ヨモギ以外でも、春の草には念入りなアク抜きは必要ない。ゆでて刻んで粉と混ぜるだけだから、家のまわりで見つけた草や、冷蔵庫にあった野菜で草もちをつくってみた。

ハハコグサ

ゆでた葉が生地とよくなじむ。味も香りも特徴がない感じ。あんことの相性は悪くはない。花が混ざったせいか、きれいな黄緑色になった。

キク科。別名は、春の七草の「ごぎょう」

シュンギク

ほのかにシュンギクの香り。少し控えめで上品な味。葛あんをかけて、ゆずの香りで食べたい。色はすごく濃い緑色。

キク科。葉の形が菊に似ているので春菊と呼ばれる

コマツナ

風味やうまみがなく、単純な味。あんこに限らず、ゴマだれとか、なんでも合いそうではある。葉がなかなかつぶれず、濃い緑のまだらができた。

アブラナ科の野菜。別名、冬菜、ウグイス菜

青ジソ

生地と葉がなかなか混ざらないが、食べると香りが口の中に広がり、美味。あんことの相性はバッチリで、あんみつに入れたらおいしそう。

シソ科。通常、食用にするのは青ジソと赤ジソ

> **オヤジのふり返り**
>
> 植物には虫や動物から身を守るために、苦み・渋みの元となる「アク」があるのだそうです。でも、アクを抜こうとしてゆですぎると、風味もなくなってしまうので、気をつけましょう。

◎ ミント

ガムみたいで意外においしい。でもあんこには合わない。生クリームとの相性はいいかも。パフェに入っていたらきっとおいしいはず。

> シソ科。和名はハッカで、ペパーミント系、スペアミント系がある

△ タンポポ

少し苦くて野性的な味。舌先に少しピリピリする感じがあり、あんこといっしょに食べると苦味が消える。葉は生地によくなじむが、色がとても濃い。

> キク科。苦みのある葉は、サラダなどにすることも

△ オオバコ

香りも味も特徴がない。葉に筋があったが、ゆでるとやわらかくなって、生地ときれいに混ざった。色は濃くなりすぎずいい感じ。

> オオバコ科。葉や種子は咳止めなどの薬にもなる

きな粉をかけてもおいしいよ

春の草もち　おやつ

なんでもジャム

食べきれないほどのくだものがあるとき、
やってみたいのが、ジャムづくり。
くだものがなくてもやってみるのは、
オヤジのジャムづくり

ヘタを取ってから洗うと、水っぽくなってしまう

水分を出さずに火にかけてしまうと、こげやすい

水分がでてきた！

① イチゴを洗ってからヘタを取り、水気をしっかりとる。

② 鍋にイチゴを入れ、全体になじむよう砂糖を混ぜて室温で1時間置く。
※砂糖の浸透圧で、イチゴの水分がしみ出てくる

③ ②のイチゴにレモン汁を加えて火にかける。
※レモン汁には、ジャムをとろっと（ゲル化）させ、色をよくする効果がある

point 砂糖やレモンを加える割合

素材によって、適した砂糖やレモン汁の量は違う。すっぱいくだものには、レモン汁は入れなくても大丈夫。

リンゴ（ふじ）1kg ・ 砂糖 500g ・ レモン 2個分

 ウメ 1kg ・ 砂糖 1kg

 夏ミカン 1kg ・ 砂糖 800g

 レモン 1kg ・ 砂糖 800g

 クワ 1kg ・ 砂糖 800g

 イチゴ 1kg ・ 砂糖 600g ・ レモン 2個分

材料

イチゴ…300g(1パック)
砂糖…150g
レモン汁…大さじ1
(1/2個)

道具

鍋
(ステンレス、
ホーロー、土鍋がよい)

ジャムを入れるビン
(熱湯消毒しておく)

くだものの酸で金属が溶けることがあるので、アルミ製は×

難易度

こども興奮度

おおよその時間
2時間

沸騰すると吹きこぼれやすいので、鍋をよく見て火を調節しよう

4 弱火で5分ほど煮たあと、強火にして全体が沸騰したら、また弱火にする。

イチゴの粒がだんだんなくなってくる

5 アクが泡のように出てきたら、取り除く。弱火で30分ほど煮詰める。

6 とろみがつけば完成。熱いうちに熱湯消毒したビンに入れる。

加工の原理　ジャムのとろみ、ペクチン

とろみのあるジャムにするには、ペクチン(野菜やくだものに含まれていて、細胞をつなぎあわせたり、細胞膜の強さを保ったりする)と糖、酸のバランスが大切です。ペクチンが0.5〜1％、糖分が60％前後、酸がpH3.5以下だと、ほどよいとろみになると言われています。でも、素材が持っているペクチンの割合や糖分、酸の度合いはそれぞれ。その数字を専用の機械なしで測るのは難しいので、何度もつくってよいバランスを見つけましょう。

ペクチンの多いリンゴは、ジャムをつくりやすい

なんでもジャム　おやつ

何を使えばジャム（らしく）なるのか？ 野菜や、一見するとジャムになりそうにない味噌なども使ってジャムづくり。とろみをつけるためのペクチン液は、自作できる（24ページ）。

△ ハクサイ

圧力鍋で煮つめましたが、とろみは出ず。野菜の味と強い甘味という今までにない取り合わせに、脳がどう判断すべきかわからない感じでした。

ハクサイ200g、
砂糖100g、
レモン汁大さじ1

◎ トマト

最高のできあがり！ とろみと味がいいですね。イチゴをサッパリさせたような味わいです。これは新しいジャムとして売り出せる！

トマト200g、
砂糖100g、
レモン汁大さじ1

△ パプリカ

色ととろみはいい感じで食欲をそそるのですが、味はピーマン。そこがいい人にはいいと思うのですが、やっぱり微妙な感じです。

パプリカ200g、
砂糖100g、
レモン汁大さじ1

◎ オクラ

糸を引くねばりがペクチン？ 甘い味も意外といけました。煮ている間は青くさく、これは×かと思ったのですが、冷めるといい感じに。

オクラ200g、
砂糖100g、
レモン汁大さじ1

> ### オヤジのふり返り
>
> トマトとショウガの、新しいおいしさに気づきました！ 素材によってペクチン量が違うので、ちょうどいいジャムのとろみにするには、何度かやってみてください。

△ 昆布

昆布飴の味。単独でなめるとそこそこ好きな味ではあるけれど、これをパンに塗って食べられるかというと……。答えは×でした。

> 昆布4g、砂糖100g、レモン汁大さじ1、ペクチン液100g

○ ゴマ

味ととろみが、ちょうどいい感じで出来上がりました。意外性こそなかったものの、想像できる安心な味でした。

> 白すりゴマ200g、砂糖100g、レモン汁大さじ1、ペクチン液100g

○ 八丁味噌

予想はしていましたが、これはジャムとは呼べない！ ゴマと合わせて、五平餅のたれとして売り出すといいかも。名古屋地区限定で◎かも！

> 八丁味噌30g、砂糖100g、レモン汁大さじ1、ペクチン液100g

◎ ショウガ

さわやかなショウガの味が絶妙です。レモンの酸味と、ペクチン液の材料であるリンゴのフルーティーな味とのハーモニーは、とってもいいです！

> ショウガ20g、砂糖100g、レモン汁大さじ1、ペクチン液100g

なんでもジャム　おやつ

ペクチン液

応用

ジャムをぷるっ、と固めるのに必要なペクチン。素材がもつペクチンが少ないときも、ペクチン液を加えれば大丈夫。市販品もあるけれど、リンゴとレモン汁を加えれば手づくりできる。

材料

リンゴ…300g (1個)
レモン汁…大さじ1 (1/2個)
水…500mL

道具

包丁、まな板、鍋
目の粗い布、ボウル

1 リンゴを皮ごと細かく切る。種や芯の部分も捨てずに使う。

2 鍋に切ったリンゴ、種、芯を入れ、水とレモン汁も入れて中火で煮る。

3 沸騰したら、吹きこぼれないように弱火～中火にして、30分ほど煮る。

4 目の粗い布をボウルに敷き、粗熱をとった❸をこせばペクチン液の完成。

5 ペクチンが抽出されたかは、同量のペクチン液と砂糖を煮てチェックできる。

6 量が2割ほど減るまで煮たあと、冷蔵庫で冷やす。ぷるっと固まればOK。

point 素材＋砂糖100g＋ペクチン液100g＋レモン汁大さじ1がジャムの基本。ジャムのつくり方は、半量の砂糖とレモン汁で素材をさっと煮たあと、残りの材料を加えて煮る。何度も試して素材の量を決めてみて。

column 2

お母さんに怒られない工夫

家のものは持ち出さない

わが家はおそらく、「オヤジの実験」に対して相当理解があるほうだと思います。それでも、家で使っているものを実験に使ったり野外に持ち出すのは禁止！ と決まっています。
どうしても必要な道具は"オヤジ用"として、中古品をネットオークションで購入します。たとえばホットプレート、炊飯器、カセットコンロ、鍋、デジタルはかりなど。家のものは持ち出さないのがルールです（でも、コッソリというのもたまにあります……）。

野外はイイ！

台所は、お母さんがふだん使っているスペース。「たまには（夫に）料理をしてほしい」と思うお母さんでも、台所を勝手に汚されたらイヤ！ ではないでしょうか。それはわが家も同じです。だから野外実験はおすすめ。非日常感もいいです。同じ料理でも野外でつくると、特別な味に感じる不思議があります。火を起こす、水を汲むなどいつもと違う不自由な環境では、オヤジの力が発揮されるチャンス！ 存在感がぐ〜んとアップしちゃいます。

冷蔵庫の使い方

実験好きオヤジが（本当は）欲しいもの。それは自分専用の冷蔵庫です。でも資金的にもスペース的にも厳しいので、家の冷蔵庫の一角を使っています。でも大幅なスペースが必要だったり、冷蔵庫の空きがないときは、クーラーボックスの出番です。冷蔵用にはコンビニに売っている氷を、冷凍用には氷屋さんなどでドライアイスを分けてもらい、まめに取り換えれば代用できます。

野外でも片付けするのは同じだね……

麦芽水あめ

水あめをつくるには、なにが必要？
甘いから、砂糖かな。
いえいえ、砂糖はまったくいりません。
では、とろっとした甘さの正体は……

\ どろどろ / \ サラサラ /

鍋で炊いて、おかゆにしてもいい

1 もち米に水をよく吸わせたあと、炊飯器に入れておかゆを炊き、50〜60℃まで冷ます。

2 ミルやすり鉢で粉砕した乾燥麦芽をおかゆに混ぜ入れ、炊飯器に入れて50〜60℃の状態を保つ。

3 3〜4時間保温すると、水のようにサラサラになる。
※麦芽のアミラーゼがもち米のデンプンを分解して、デンプン特有のとろみがなくなる

point 乾燥麦芽をつくるには

1 2日ほど水につけた大麦を、湿らせたタオルに包む

2 室温が20℃くらいだと、2日後から発芽をはじめる

3 芽の長さが麦粒の1.5倍くらいになったら、天日に干す

材料
もち米…2合
乾燥麦芽
（できれば大麦）…15g
水…もち米の3倍の量

手づくりビールの材料として手に入る、乾燥麦芽

道具
炊飯器
温度計
ミル
（またはすり鉢）
ザル
目の粗い布
（サラシやてぬぐい）
鍋

難 易 度

こども興奮度

おおよその時間
6〜7時間 + 2時間
（おかゆづくり）（煮詰める）

けっこう力がいる。ギューッとしぼって水分を出しきろう

硬さはお好み。ときどき火を止めて、スプーンで硬さをチェックする

④ ザルに広げた布の上に、保温し終わった❸の液をあけ、力を入れてよくしぼる。

⑤ ❹の液を鍋に入れ、最初は強火で水分をとばす。半分くらいに減ったら中火にして煮詰める。

⑥ さらに量が減ってきたら弱火にする。煮詰めすぎると冷めたときコチコチになるので注意。

加工の原理　砂糖なしで、甘くなるのはなぜ？

麦芽とは、大麦や小麦から芽を出させて乾燥させたもののことで、「アミラーゼ」という酵素が豊富に含まれています。この「アミラーゼ」には、デンプンを分解して糖にする働きがあります。
もち米にはデンプンがたくさん含まれています。そのおかゆに麦芽を加え、アミラーゼがよく働く温度（50〜60℃）に保つと、もち米のデンプンが分解されて糖になります。それを煮詰めることで、甘い水あめができます。

麦が発芽する時に、アミラーゼがつくられる

麦芽水あめ　おやつ

デンプンの多そうな素材なら、同じように水あめをつくれる？ざっくり切った素材と水を火にかけ30分〜1時間。そこに麦芽を入れて保温してみた（量は以下の通り）。

◎ サツマイモ

市販のイモ飴の味。やわらかい甘さに、イモのほのかな香りがして、どちらかというと上品な甘さ。おなじみの味なので、安心して食べられた。

サツマイモ（大きめ）1本、水600mL、麦芽15g

○ カボチャ

カボチャの味はするが、甘さもにおいもさっぱりとした感じ。つくっている途中はカボチャのにおいがしたのに、出来上がると消えていた。不思議。

カボチャ1/4個、水600mL、麦芽15g

◎ ジャガイモ

イモの味。サツマイモとはまた別の風味があって、甘さにも深い味わいがあった。どちらかというと野性的な味。

ジャガイモ3個、水600mL、麦芽15g

× キクイモ

麦芽を投入する前はまったく甘味がなかったが、少しだけ甘い。でも苦味が強くまずい！ じつはデンプンがほとんど含まれないことを、後で知った。

キクイモ4個、水600mL、麦芽15g

> **オヤジのふり返り**
> こんなに手間ひまかかるとは……甘味が昔、相当な貴重品だったと実感。もち米はみりんに近い上品な甘さで、ほかに追随を許さない味わい。親子ともども楽しめました！

○ バナナ

さっぱりとした口あたりで、ほのかな酸味と甘味。かすかにバナナの香りを感じたが、バナナとはまったく違う甘さになった。

> バナナ（小さめ）4〜5本、水600mL、麦芽15g

△ キウイ

まったく甘味がなく、とてもすっぱい。煮詰めるとドロっとしたのは、キウイのもつペクチンの粘りのせいかも。パンに塗って食べるとおいしそう！

> キウイ3個、水600mL、麦芽15g

× アボカド

おかゆにする前と後で味に変化なし。甘くない。脂が上に浮いていて、鍋で煮詰めてもまったくとろみはつかず、シャビシャビ状態。

> アボカド2個、水200mL、麦芽5g

水あめにならなかったものもあったよ

おやつ

アルミ缶アイス

冷凍庫なしで、野外でもつくれるアイス。
とにかくペットボトルを蹴る作業が楽しい。
がんばって転がしてひと息……というところに、
冷たいアイスは最高！

材料を鍋に入れ、火にかけて溶かす場合は、沸騰直前で火を止め冷めてから缶に入れる

＼シャカシャカ／

＼一気に冷やす！／

1 牛乳、生クリーム、砂糖をボウルに入れてよく混ぜ、砂糖が溶けたらアルミ缶に入れる。

2 缶のキャップをしめ、アルミ缶を数回振る。
※アイス液に空気を含ませるため。食感がなめらかになる

3 ペットボトルに氷と塩を交互に入れ、アルミ缶の周囲を氷と塩でうめる。
※氷に塩を加えると、氷点下まで冷える

---

point アルミ缶の仕込み方

1 ペットボトルは、アルミ缶の高さより上でカット

2 氷に塩をまぶすようにして入れる

3 カットした上の部分をかぶせ、ガムテープでしっかりとめる

氷＋塩

材料

〈アイス液〉
　牛乳…200cc
　生クリーム…50cc
　砂糖…40g
〈冷やす〉
　氷…600g
　塩…200g

道具

キャップつきアルミ缶
(275〜300mL程度)
2Lのペットボトル
(側面が丸いもの)
ガムテープ
(布製で水に強いもの)
タオル、カッターナイフ

口が広いアルミ缶がおススメ。アイス液を入れやすい

難易度

こども興奮度

おおよその時間
60分

蹴るのが大変なときは、手で転がすだけでも固まる

固まっていなければ、再び❹を行なう

❹ 仕込んだペットボトルをタオルで包んで補強し、約15分蹴って転がす。

❺ 缶を振って、ちゃぷちゃぷ音がしなければ固まっている。カッターナイフで側面を切り、中を出す。

❻ 皿に盛り付ける。

※アイス液は冷気が伝わった缶の側面に触れて固まるので、ドーナツ状にアイスができる

加工の原理　氷に塩を混ぜるわけ

アイス液を凍らせるには、氷点下まで冷却することが必要ですが、氷だけでは十分に冷えません。そこで氷に塩などの「寒剤」を加えると、急速に温度が下がります。氷の重さに対して塩を約22%加えると、−21℃くらいまで冷やすことができます。
こんなに塩を入れていいの？　というくらい入れないと、温度が下がりません。また、ペットボトルにタオルを巻くなどして断熱すれば、真夏の暑い日でも大丈夫です。

ペットボトルの外側にも氷がつくほど急速に冷える

ざっくり切った野菜やくだものを、アイス液（30〜31ページ）といっしょにミルサーに入れてなじませた後、缶に入れてシェイク。そのあと凍らせて、いろいろな味をつくってみた。

◎ 酒粕

好き嫌いがはっきり分かれる（こどもたちには不評）。なぜなら香りが酒そのものだから……。少しショウガが入っていると味が引き立つかも。

大吟醸酒粕 10g
＋
アイス液 150g

× ゴーヤー

青臭い草系の味がして、マズイ!! しばらくすると苦味が舌に残る。こどもたちは、最初から食べたがらずに逃げてしまった。

ゴーヤー 8g
＋
アイス液 150g

◎ のび〜る（トルコ風）

もっちりした食感がおいしい。炎天下のなかでつくったにもかかわらず、溶けにくく持ちがよかった。こどもたちも、この味には大満足！

つくり方 34ページ

◎ ショウガ

少し量が多かったかな？　のどに効く辛さが、刺激的な大人の味に仕上がった。もう少し量を加減すれば、いい味のアイスになりそうな予感。

すりおろしたショウガ 10g
＋
アイス液 150g

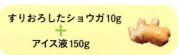

> **オヤジの ふり返り**
>
> お店では買えないオリジナルの味が楽しめるのが、手づくりのいいところ。個人的には「吟醸酒粕アイス」がお気に入りです。酒好きオヤジにはぜったいに受ける味！

△ エダマメ

枝豆独特の豆くささが気になる。食感は小豆バーのようで、味はずんだもちに近い？　この取り合わせの味に慣れておらず、すこし戸惑ってしまった。

ゆでたエダマメ25粒
＋
アイス液150g

△ 八丁味噌

量が多すぎたのか、味噌の味が強烈で、アイスとしてはちょっとバランスが悪かった。地元名古屋の味になれているはずのこどもたちにも不評だった。

八丁味噌5g
＋
アイス液150g

◎ バナナ

バナナの味がしっかりしていておいしい。イチゴと同様、バナナとミルクの相性は抜群!!　こどもたちにも「おいしい」と評判がよかった。

つぶしたバナナ1本
＋
アイス液150g

◎ イチゴ

ミルクとイチゴの相性抜群、アイスクリームの王道!!　水分が多くなったせいか、シャーベットのような仕上がりで、意外とさっぱりした味。

イチゴ3個
＋
アイス液150g

応用 トルコ風のび〜るアイス

2005年に地元で開催された「愛知万博(日本国際博覧会)」で、おもちのようにのびるトルコのアイスに出会い、感激。試作に試作を重ね、白玉粉と水あめで"のび〜るアイス"ができることを発見。

材料

牛乳…200cc、水あめ…大さじ1
白玉粉…20g、卵黄…1個、砂糖…20g
生クリーム…50cc、氷…450g、塩…150g

道具

鍋、ボウル、泡だて器、
鍋を冷やす容器(大きめのボウルなど)、
木製のへら

1 牛乳、水あめ、白玉粉を鍋に入れ、粒が残らないように混ぜる。火にかけて練る。

2 ボウルに卵黄と砂糖を入れ、泡だて器でポテっとするまでかき混ぜる。

3 ❷を❶の鍋に混ぜ入れて弱火にかけ、とろみが出たら鍋ごと冷やし粗熱をとる。

4 大きな容器に氷と塩を混ぜ入れる。

5 ❸と生クリームをボウルに入れ、❹の上で30分ほど根気よくかき混ぜる。

6 底のほうから固まってくるので、よく混ぜてアイスを仕上げる。

point かき混ぜていると相当なねばりがでて、こどもの手にはおえなくなるほど! ボウルはステンレス製を使う。プラスチックやガラスよりも氷の冷気が伝わりやすく、アイス液がよく固まります。

column 3

くれぐれも安全にはご注意を！

ワラビの根で体調不良

数ある失敗のなかで、もっとも家族に衝撃を与えた一件です。本当のわらびもちをつくろうと、ワラビの根からデンプンを抽出してつくりました。こどもといっしょにおいしくいただいたのですが、その後こどもの体調が急変。検査をすると白血球値がやや高かったとのこと。
ワラビの根には毒性があり、しっかりアク抜きが必要なことを後から知りました。大事には至りませんでしたが、下調べ不足を反省し、教訓となった出来事でした。

植木鉢釜で栗が爆発

植木鉢釜（→74ページ）で、焼き芋が上手に焼けたので、今度は栗を焼こうと放りこんだところ、釜の中から大きな爆発音が!! ご近所さんが出てくるほどのすごい音、次々と爆発する栗……、怖くてしばらく近づけませんでした。おそるおそる植木鉢釜の中をのぞくと、栗は粉々に砕け散り、皮だけが残っていました。
さるかに合戦で、火鉢の栗が弾ける場面がありましたが、このすさまじい破壊力をもってすれば、猿が逃げ出すのも納得がいきました。

オナラで着火!?

嘘みたいな話ですが、オナラは燃えます。こどもと花火をしていたとき、以前から気になっていたので、冗談半分で確かめてみようと思ったわけです。一瞬の出来事でしたが、青白い炎が広がり、お尻を包みこみました。
調べもせず、冗談半分で危険な実験は絶対にしてはいけません。実験の代償として、お尻はひりひり。しばらくオロナインのお世話になりました。

クールな娘は特に、オヤジがつくったものに懐疑的……

ねえ、本当に食べて大丈夫？

カッテージチーズ

チーズを手づくりするのはむずかしいけれど、
牛乳のタンパク質を酸で固めてつくる
カッテージチーズなら超簡単。
もろもろと固まっていく様子がおもしろい！

膜が張らない程度（40〜60℃くらい）に温める

① 鍋に牛乳を入れ、かき混ぜながら沸騰しないように温める。
※沸騰させると、チーズの舌ざわりが悪くなる

② レモン汁を鍋に入れて手早く全体を混ぜ、そのまま置く。

なかなか分離しないときは、レモン汁をさらに入れてみよう

③ しばらくすると水分と分離して、もろもろとした豆腐のようなものが全体に浮いてくる。

point 固まりにくいときは

あんまり分離しないものは酸度が低い。酢を少量混ぜると、分離がすすむ。

1 酸度低 pH2.0〜2.9くらい
レモン／酢／梅干し

2 酸度中 pH3.0〜3.9くらい
赤ワイン／パイナップル／乳酸飲料／グレープフルーツ

3 酸度高 pH4.0〜5.0くらい
ビール／しょうゆ／トマトジュース

＊酸度の度合い（pHが低いほど酸が強い）

材料　お茶碗1杯分

牛乳※…500mL
レモン汁…大さじ2
塩…少々

※低脂肪乳や無脂肪乳でもつくれるが、味はややあっさりになる

道具

鍋、ザル
キッチンペーパー
（または、目の粗い布）

キッチンペーパーは手ぬぐいでも代用できる

難易度
こども興奮度
おおよその時間
30分

このときボウルにたまる水分（ホエー）は、牛乳とハチミツで割って飲むと美味！

キッチンペーパーは、強く押すとやぶれてしまうので注意

④ ボウルの上に、二重にしたキッチンペーパーを敷いたザルをセットし、❸を流し入れる。

⑤ キッチンペーパーで包むようにして指で軽く押し、水を切る。
※しぼりすぎるとパサパサになるので、水切りは適度に！

⑥ 完成。お好みで塩をもみ込む。冷蔵庫で1週間くらい保存できる。

加工の原理　牛乳が固まるのはなぜ？

チーズには微生物（乳酸菌）の発酵を利用し、熟成させてつくるのが一般的ですが、カッテージチーズは発酵させずにつくることができるチーズです。
牛乳のタンパク質はほとんどがカゼインという成分で、酸性になると固まる性質があります。同じく牛乳のタンパク質に含まれる成分乳清（ホエー）は、熱で固まる性質があります。温めた牛乳に膜ができるのは、乳清が固まるからです。

ヨーグルトが固まるのも、乳酸菌のだした乳酸に、カゼインが反応するため

カッテージチーズ　おかず・おつまみ

実験

牛乳を固めるのは酸、ということで、酸＝すっぱいものを家で探すとけっこうある。なかなか分離しないものは酸の量を増やしたり、ちょっぴり酢を足したりしてみた。

◎ 酢

ほどよい酸味とさわやかな味わいは、文句なしのフレッシュチーズ！ 安定感がバツグン。かすかに酢の香りがするが、気になるほどではない。

牛乳150cc ＋ 酢9cc

○ 梅干し

まろやかさと梅の風味がマッチしておいしく、色は薄いオレンジでかわいい。が、自家製の梅干しでは、塩分が強すぎてまずかった。

牛乳100cc ＋ 梅干し20g（細かく砕く）

× パイナップル

苦くてまずい。舌の先にピリピリする感じが残る。色は鮮やかな黄色。たくさん入れてようやく少し分離したが、ほとんどが水分で流れてしまった。

牛乳100cc ＋ パイナップル150g（つぶして混ぜる）

○ グレープフルーツ

さわやかな酸味がしっかりしていて、おいしい。少し苦味があるが、グレープフルーツ独特の風味で問題なし。色は薄いオレンジ。

牛乳100cc ＋ グレープフルーツ150g（絞り汁を入れる）

> **オヤジのふり返り**
> 牛乳と混ぜても、なかなか分離しないものも。まったく分離の気配(?)がないとダメですが、やや分離しかけているか……というのには酢を混ぜると分離がすすみました。

◎ 赤ワイン

酢を混ぜてようやく分離。2口目以降は苦味が消え、チーズとワインの風味が口の中に広がり、おいしくなってきた。後を引くおいしさ。

牛乳150cc
＋赤ワイン50cc
＋酢6cc

○ コーラ

なかなか分離しなかった。かすかにコーラの味は残っているが、なめらかでクリーミー。生クリームを入れたコーラに近い？　意外におとなしい味。

牛乳200cc ＋ コーラ300cc

✕ しょうゆ

まったく分離せず。酢を相当混ぜれば分離するが、それではしょうゆが存在する意味がないので、やはりこれは大失敗。

どれだけ入れても固まらず……

オシャレにパンにつけて♥

カッテージチーズ　おかず・おつまみ　39

カラフルかまぼこ

材料は、魚の切り身、塩、小麦粉だけ。
魚をさばくのがたいへんだったら、
刺身用のサクを使えば、もっと簡単。
こどものお弁当に、オヤジのおつまみに、大活躍です。

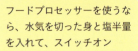

魚をさばく場合は、血合や骨などをきれいに取り除く

フードプロセッサーを使うなら、水気を切った身と塩半量を入れて、スイッチオン

1 切り身をざっくり細切れにしてボウルに入れ、氷水をそそぐ。水に浮いたうろこや小骨などを取り除く。

2 布巾で身をしぼり、重さをはかる。塩と小麦粉が、切り身の2%の分量になるようにする。

3 水気をきった切り身に、塩の半量を加え、包丁で細かく刻んで叩く。

point いろいろな形のつくり方

1 かまぼこ板を再利用してすり身をのせる

2 すり身を平らに伸ばして、クッキーの型でぬく

3 すり身を割りばしにつけて、アメリカンドッグ風に

材料

魚の切り身（タイ）
…約250g
塩…5g※
小麦粉または片栗粉
…5g※

※塩と小麦粉の量は、すり身にしたときの魚肉の重さによる（詳しくは、つくり方❷）

魚をさばく場合は、三枚におろして皮をはぐ

道具

ボウル、氷水
目の粗い布巾
はかり
包丁、すり鉢
すりこぎ、ラップ
蒸し器
フードプロセッサー
（あれば）

難易度

こども興奮度

おおよその時間 1時間30分

卵白を加えると、できあがりがよりやわらかくなる

保存するときは、熱いまま氷水に入れ、冷めたらラップに包んで冷蔵庫へ

❹ すり鉢に❸と残りの塩、小麦粉を加え、粘りが出るまですりこぎで練る。

❺ ラップに包んで棒状にし、常温で1時間ほど休ませる。

※休ませることで生地が落ち着き、形がくずれにくくなる

❻ 表面を指でさわってみて、くっつかなくなったら❺を蒸し器に入れ、20〜30分蒸す。

加工の原理　すり身に塩を加えるのはなぜ？

かまぼこの弾力には、塩が大きく関係しています。魚肉に約2％の塩を加えてすりつぶすと、魚肉の塩溶性タンパク質が溶け出し、ネバネバの糊状になります。これに熱を加えると固まる性質があるので、蒸すと弾力のあるかまぼこになるのです。

白身の魚は、赤身の魚や淡水魚、エビ類よりも塩溶性タンパク質が多いため、弾力が出やすいようです。

練りものの弾力を「あし」と呼ぶ（うどんのコシと同じ）

実験

どんな魚介もすり身にすればかまぼこになるのか？ つくり方は、タイのかまぼこと同じ。フードプロセッサーなどで細かくしたすり身をつくり、その重量の2％の塩と小麦粉を加えて蒸した。

✗ アジ

かまぼことして形はきれいに仕上がったものの、大変生臭い。そしてうま味が少ない。つまりおいしくない。

250gをすり身に

△ クジラ

なかなか弾力があり、かまぼことしての歯ごたえが一番いい感じだったが、生臭さが残っているのが気になる。うま味はしっかりある。

250gをすり身に

○ イカ

蒸すと身がふくらんで、やわらかいはんぺんのような感じに仕上がった。口のなかでとろけるスルメといった味わいで、おいしかった。

250gをすり身に

◎ エビ

うまく固まらなかったが、蒸してもくすんだ色にならずキレイ！ 甘味とうま味が格別、すごくおいしい。

250gをすり身に

> **オヤジの ふり返り**
>
> オヤジが夢中になって実験していると、こどもたちも資料を見ながら、蒸し上がりのサインを教えてくれたりして、みんなで楽しみました。くせのある魚は、ショウガなどを加えるとよいようです。

○ サケ

食感がミートローフ風で、オードブルの一品にいいかも。でも焼いたらふつうの焼き鮭になりそう。色はピンクでとってもキレイ。

250gをすり身に

△ マグロ

弾力がない魚肉ソーセージのよう。つくっている過程ではピンクだったけれど、出来上がりはちょっと色がくすんでしまった。こどもたちには高評価。

250gをすり身に

× カレイのえんがわ

なんだこれは、油を固めたみたいな味！ とこどもたちから大ブーイング。でも大人には「通好みの珍味」と、意外な反応あり。大人の味？

250gをすり身に

クジラって魚じゃないよ、お父さん……

カラフルかまぼこ　おかず・おつまみ

中華鍋くんせい

生の食材は、火を通さなければいけないので、長時間かけてくんせいし、煙もたくさん出る。中華鍋くんせいは、火の通った食材を使うからあっという間にできて、煙も少ない！

アルミホイルを敷かないと、チップが焦げて鍋にくっついてしまうので注意

足付きの網がオススメ

1 中華鍋を用意し、アルミホイルを鍋底にぴったりくっつけるように敷く。

2 アルミホイルを敷いた鍋の底にチップを敷き、砂糖を大さじ1～2まぶしておく。
※砂糖をまぶすと煙が重くなって素材にからみやすくなる

3 焼き網が、チップにふれないよう気をつけてセットする。

point 図解 中華鍋くんせい器

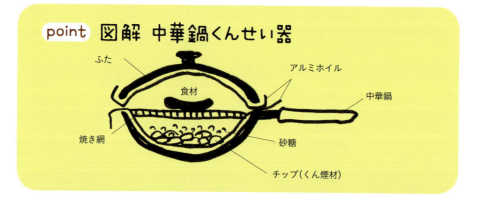

材料

香りづけしたい食材
(手づくりソーセージなど)
※手づくりソーセージのつくり方は48ページ参照

道具

カセットコンロ
中華鍋
鍋ぶた
アルミホイル
くんせいチップ
砂糖
焼き網

焦げつくかもしれないので、使い古しの鍋がおススメ

難易度

こども興奮度

おおよその時間
30分 + 30分
(ソーセージづくり) (くん煙)

水分を含んでいない食材のほうが、香りや味がつきやすい

台所のガスコンロだと、センサーが反応して火が弱まることがある

香ばしい香り！

❹ 食材をのせ、ふたをピッタリかぶせる。ふたはさらにアルミホイルでおおう。

❺ カセットコンロにのせて強火にかけ、においがしてきたら弱火に1分かける。

❻ 火を止めて2分ほどそのままにする。

加工の原理　くんせいとは

いぶす時間や温度の違いで、くんせいは大きく3つの方法にわけられます。スピードくんせいは「熱燻法」、香りと色づけはできますが、食材には前もって火を通す必要があります。

❶**冷燻法**…15〜30℃くらいの低温で、長時間かける。水分が半分以下になるため、1ヵ月以上の長期保存が可能。ビーフジャーキーやスモークサーモンなど。

❷**温燻法**…30〜80℃くらいで、食材によって1時間〜6時間ほど。水分が半分ほど残るので、ほどよくやわらかくなる。保存期間は約1週間。ベーコンやハム、ソーセージなど。

❸**熱燻法**…80〜120℃くらいの高温で、短時間食材をあぶるようにくんせいにする。香りや色つやは抜群だが、長期保存には向かない。

中華鍋くんせい　おかず・おつまみ

実験

素材とくん煙材の組み合わせを、いろいろ変えてみた。豆腐など水分が多く味が薄い素材を使うときは、味付けして水分をある程度抜いてから。くん煙材はしっかり乾燥させてから使おう。

✕ せんべい

なんとも特徴のない味と香り。しょうゆの香りに負けていました。せんべいが少し湿気たかな？ みたいな変化しかなかった。

くん煙材 乾燥させたカボチャの皮

△ 豆腐

ドクダミ特有の、苦味と薬草くささが残っていまいち。豆腐自体がどんな味や香りも吸収するので、くせのあるにおいがそのまま出てしまう感じ。

くん煙材 乾燥させたドクダミの葉

△ シシャモ

あまり個性がない。シシャモとローリエ、お互いの持つ良さを消しあうような感じ。やっぱり、ローリエは肉系に合うかな？

くん煙材 ローリエ

○ ドライフルーツ

苦いと甘いが同時にくる、新しい感じの味。バナナとの組み合わせはおいしかった。

くん煙材 乾燥させたコーヒーかす

> **オヤジの ふり返り**
> どのくんせいも、少し時間をおいたほうが余分な苦さが抜けて、味が落ち着きました。こどもには、ちょっぴり苦いくんせいの味はイマイチだったみたいで、少しノリが悪かったか⁉

◯ 大福

いい香りはしたが、大福の甘さとくんせいの苦さが微妙……。舌の苦味が去ったあとの、紅茶の香りと大福の甘さの後味のハーモニーは最高。

くん煙材
紅茶の茶葉

△ カニカマ

ともに海産物なので、風味が増す気がしたけれど、特にインパクトのないふつうの味。あえてこの取り合わせでくんせいをする必要はないかも。

くん煙材
細切りタイプの乾燥昆布

◎ ナッツ

食べるとリンゴのフレーバーが口に広がり、けっこうおいしい。出来立ては少し湿気た感じで、カリッとした食感がないのが残念。こどもたちに人気！

くん煙材
乾燥させたリンゴの皮

◎ はんぺん

上品な味で、おいしかった。ちょっと時間をおいて冷めてからのほうが、だんぜん味が深まり、おいしくなった。

くん煙材
番茶の茶葉

中華鍋くんせい **おかず・おつまみ**

手づくりソーセージ

くんせいに向く素材はいろいろ。一番おススメなのは"手づくりソーセージ"。1時間でできるし、下ゆでしておけば、あとは1〜2分いぶして香りをつけるだけで食べられる。

材料 15本分

豚ひき肉…500g、タマネギ…50g、塩・コショウ…少々
片栗粉…20g、スープ※…20mL、ハーブ（セージ）…2g、
ローズマリーなど…5g
※顆粒タイプのコンソメを熱湯で溶かし、さましたもの

道具

フードプロセッサー
ボウル、まな板
ラップ、スプーン

1 タマネギ、ハーブ、豚ひき肉半量を白くなるまでフードプロセッサーにかける。

2 ボウルに❶と残りの豚ひき肉、塩・コショウ、片栗粉、スープを入れてこねる。

3 まな板にラップを敷き、❷をスプーン1杯おいたら、ラップを半分に折る。

4 ラップのなかで❷を細長く伸ばし、棒状にする。

5 キャンディーのように巻いて、両端をひもでしばっておく。

6 フライパンにお湯を沸かし、少しすき間をあけてふたを閉め、弱火で15分ゆでる。

point ソーセージを巻くときは、まずラップの片方をしばり、もう片方は指でつまんで、まな板の上で棒を転がすように回す。するとラップがピンと張った状態になり、中の肉がきれいな棒状になって出来上がる。

column 4
図書館へ行こう

絵本はアイデアの宝庫

図書館で必ず立ち寄るのがこどもコーナーです。特に絵本には、オヤジ実験の素材がたくさんつまっています。
『うちにかえったガラコ』(文溪堂)で、旅するかばん屋ガラコが家に帰る途中に出会う"プリンの山"の話がありました。バケツを型にしたら、山みたいなプリンができるのでは!?　と思ったのです。市販のプリンの素4箱、牛乳1600cc、100円ショップのバケツを使って、みごとプリンの山が完成しました。
『ぐりとぐら』(福音館書店)は、ぐりとぐらがじぶんの体より大きな卵を発見し、森でカステラを焼く、というわくわくする話です。ダチョウの卵なら再現できるのではと思い、卵を取り寄せて、仲間とカステラづくりを楽しんだこともあります。
絵本を読むと、こどもの頃こんなことやってみたかった！　という感覚を思い出し、大人になった今、実現しちゃうのがまた楽しいのです。

好奇心を刺激される雑誌たち

本書の元になる連載をしていた雑誌「のらのら」(農文協)は、こども向けとはいえ発酵の話やびっくり栽培など、園芸にはちょっと疎いオヤジにも楽しい内容です。
そのほかのお気に入りは、アウトドア雑誌「BE-PAL」(小学館)、こども向け科学雑誌「子供の科学」(誠文堂新光社)。公共の図書館にはよく置いてあります。火おこし器や空き缶でつくる綿あめ、コウモリの声を聞けるバットディテクターなど、雑誌から学んで楽しんだものがたくさんあります。

できた！すごーーい！

バケツプリンに、こどもも大興奮！

スピードぬか漬け

捨て漬けなし、ドブくささなし、
ぬか漬けの達人が開発した「スピードぬか床」。
憧れのマイぬか床をつくったら、
いろいろ漬けてみたくなってくる（はず）！

大きめのボウルなどで材料をかき混ぜてから、容器に移すとやりやすい

ここで投入する素材は、香りや風味づけを助けるもの

❶ 炒りぬかに塩半量を入れて手で混ぜ、まん中にくぼみをつくる。

❷ くぼみの中に、整腸剤とビールを入れ、さいばしでよくかき混ぜる。
※整腸剤から乳酸菌、ビールから酵母がぬか床に入る

❸ ❷にトウガラシ、コンブ、酒粕、米麹を入れ、さいばしでよく混ぜ合わせる。

---

point 風味づけにおススメなもの

カツオ節　煮干し　干しシイタケ

1 カツオ節、煮干し、干しシイタケで
うま味がアップ！

実山椒

2 実山椒で
香りがよくなる！

3 粉からしで
辛みと、防腐効果あり！

4 大豆は
余分な水分を吸ってくれる！

材料

- 炒りぬか…1kg、海水塩…150g
- 米麹…100g、酒粕…17g
- 生きた酵母入りのビール…83mL
- 乳酸菌入り整腸剤(粉タイプ)…8g　錠剤タイプをくだいてもいい
- 純米本みりん…33mL
- 水…550mL
- トウガラシ、コンブ…各ひとかけ

道具

ふたつき容器
(左の分量だと3.6Lの容器がぴったり)

さいばし、ボウル

※「食農教育」2007年3月号(株)針塚農産のぬか床のつくり方を参考にしています。

難易度

こども興奮度

おおよその時間
60分
(ぬか床づくり)

握ったときに、指のあとが残るくらいの硬さにする

❹ 別容器でみりん、水、塩の残り半量を混ぜる。❸に入れ、しっかりかき混ぜる。

キュウリなら半日〜1日で漬かる

❺ 水洗いした野菜をぬかのなかに埋め、空気が入らないようしっかり押さえる。

ぬか床が熟成するまでは、浅漬けに近い感じ。だんだんぬかの風味が増してくる

❻ 基本は常温(25℃)で毎日かき混ぜる。冷蔵庫で保管してもOK。

※ぬか床が熟成するのは、1カ月くらいかかる

加工の原理　ぬか床ができるわけ

スピードぬか床は、ビールとビオフェルミンでぬか床に微生物を増やし、熟成しないとでてこない風味を、みりんや酒粕、麹で補っています。

ふつうのぬか床は、米ぬかと水、塩をまぜたあと、水分の多いクズ野菜の捨て漬けを数回します。野菜の水分と養分がぬか床に浸みでることで、その養分を乳酸菌や酵母が食べて繁殖、うま味成分がでるからです。ここに野菜を漬けると、塩分とうま味成分が吸収されるのです。

本格的にやるなら、常滑焼のつぼで漬けてみては?

スピードぬか漬け　おかず・おつまみ

実験

サラダでおなじみの野菜から魚の干物まで、いろんな素材を漬けてみた。思いがけないものがおいしかったり、塩辛かったり。やってみないとわからないのがぬか漬けのおもしろさ。

○ ミニトマト

少し水分が抜けて、味が凝縮されたような感じはあるが、味も見た目もあまり変わらない。まずくはないけど、あえて漬けなくてもいいかも。

へたをとって、そのまま漬ける（漬け時間：半日〜1日）

○ エリンギ

見た目はしんなり、ゆでたようになっているのに、しゃきしゃきした歯ごたえとうま味を感じる。ぬかとのコラボで別物に変身している！

そのまま漬ける（漬け時間：半日）

× ジャガイモ

歯ごたえは、たくあんを食べているようで、コリコリ、しっとり。味は塩味だけののっぺりとした印象で、舌触りがデンプンのせいか粉っぽく、不快。

縦半分に切って漬ける（漬け時間：1〜2日）

◎ パプリカ

歯ごたえも程よく残り、ポリポリ食べられる。そしてなにより味がいい！パプリカの甘味がギュッと濃縮されて、ほんのりぬかの風味がありおいしい。

縦半分に切って漬ける（漬け時間：半日）

> **オヤジのふり返り**
>
> 最初はぬか床を冷蔵庫で保存したら、1週間しても発酵が進まず、塩辛いだけのぬか漬けになってしまいました。低温で熟成を続けて、ぬかのにおいがようやく出ました。

✕ シシトウ

苦味が抜けて表面が少ししんなり。かむと、まるでシシトウの風船が割れるようなかんじで、その後、ぬかの味が口のなかに広がりました…。

そのまま漬ける（漬け時間：半日）

✕ タケノコ（水煮）

ぬかをそのまま食べているみたい！ 味はないのに塩辛い！ まずい!! もうやらない!!

縦半分に切って漬ける（漬け時間：半日～1日）

○ ゆで卵

ぬかの風味はほとんどしないが、塩味のゆでたまごといったかんじでおいしい。しっかり塩味がついているので、お弁当のおかずに入れたくなる。

ゆでてそのまま漬ける（漬け時間：半日～1日）

○ サバの塩焼き

サバのうま味が凝縮した感じでおいしい。ぬかの風味もあり、へしこのよう。オヤジにはなつかしい味。お酒の友にいいかも？

そのまま漬ける（漬け時間：半日～1日）

スピードぬか漬け　おかず・おつまみ

応用 ぬか床のお手入れ6カ条

微生物がおいしくしてくれるぬか漬け。ぬか床は生き物と考えて、お手入れをしよう。基本は毎日かき混ぜて、水分が出てきたり、表面がカビてきたりしたときに、そのままにしないことが大事。

1 毎日素手でかき混ぜる

ぬか床にいる生きた微生物のバランスを保つため、底からよくかき混ぜて酸素に触れさせる。素手でかき混ぜると、自分の手についている乳酸菌や酵母が床に移り、だんだん自分の味になってくる。

毎日かき混ぜよう

2 塩・風味づけ素材を足す

何回か漬けていると、だんだん塩分や風味が薄くなってくる。そんなときは、塩をひとつかみ、そしてトウガラシやコンブ、みかんの皮やサンショウを入れると新しい風味が出る。

3 水分が出てきたら

野菜の水分がぬか床に染み込んで水っぽくなったら、キッチンペーパーで表面の水分を吸い取る。ぬかの量が減ってきたら、新しいぬかを足して全体になじませる。

4 表面が白っぽくなってきたら

しばらくかき混ぜなかったりすると、表面に白いカビのようなもの(産膜酵母)がつく。味が落ちてしまうので、表面をぬかごと取り除いたあと、全体をかき混ぜれば、また漬けられる。

5 オヤジの靴下臭がしてきたら

かき混ぜるのを怠って酸素がぬか床に足りなくなると、酵母が過剰にアルコール発酵をしたり、酪酸菌が増えたりして、いやなにおいの原因になる。塩を加えてよくかき混ぜ、しばらく冷蔵庫で休ませる。

6 ラクをしたいひとは

冷蔵庫で保存すれば、発酵のスピードが遅くなるので、かき混ぜるのは5日に1回で大丈夫。長期間かき混ぜられないときは、ぬか床を冷凍庫に入れる。自然解凍すれば、また漬けられる。

ぬか床は生きている!

column 5

オヤジの七つ道具

絶対必要ではないけれど、持っていると便利かもしれない道具と、台所にはあるけど、自分用に持っておくと便利な道具。

其の一 ダッチオーブン

これひとつあれば、いろんなものができてしまう。アウトドアで豪快な料理にも使えるけど、お節料理の黒豆を煮るのにもちょうどよく、家族も喜ぶ。

其の二 カセットコンロ

ガソリンバーナーやキャンプ用のコンロも使いましたが、やはりこれが実用的。野外でも実験のときでも、場所を選ばず重宝する。

其の三 炊飯器

お米を炊くだけにとどまらず、ケーキを焼いたり、保温用に使ったりと便利。家のものを使うと、夕飯の準備の邪魔をする可能性が高いので、自分用に。

其の四 鍋各種

焦げる、汚す率の高い鍋。自分用をいくつか持っていると気が楽。パエリヤ鍋は、ほかのもので代用できると思いながらも、フリマなどで入手。

其の五 クーラーボックス

コラムでも書きましたが、冷蔵庫のかわり。マイ冷蔵庫はスペース的にも資金的にも厳しいので。

其の六 流しそうめんの竹

みんなで集まるときに持参すると、めちゃくちゃ盛り上がる。そうめんだけでなく、わらびもち、ダンゴ、フルーツ……いろいろ流して楽しめる。

其の七 ダンボールオーブン

簡単に自作できて、けっこう長持ちする。制作費用も、いらなくなったダンボールを使うので、ほとんどタダ同然。これでピザが焼ける。

けっこう丈夫

枯れ草納豆

稲ワラが手に入ったら、
ぜひともやってみたいのが納豆づくり。
稲ワラが手に入らないのなら、ススキなどの
枯れ草でも、納豆ができてしまうかも !?

圧力鍋なら20分、鍋では1〜2時間ほどかかる

納豆菌はワラについているので、できるだけ大豆とワラが接するように

1 洗って一晩水につけた大豆を、指でつまむと軽くつぶれるくらいまで、煮る(もしくは蒸す)。

2 ワラづとをつくり、沸騰したお湯につけて消毒する。
※納豆菌は100℃でも死なないが、ほかの雑菌は100℃で死ぬ

3 ワラづとにアツアツの大豆を入れる。折り曲げたワラを1本、大豆に埋め込むように入れておく。

---

point 鍋で大豆を上手に煮る方法

1 十分水を吸わせた大豆をザルにあげ、水けを切る

2 大豆と、豆の4〜5倍量の水を加えて鍋に入れ、中火にかける

大豆が顔を出したら水を足す

落しぶたはペーパータオルでも可

3 煮立ってきたらアクを取って落しぶたをし、弱火で60〜70分ゆでる

材料

〈ワラづと（1本）〉
　稲ワラ※…30本
〈納豆〉
　大豆…1カップ

※稲ワラは熱湯で消毒して使う（つくり方❷）

道具

〈豆を煮る〉
　圧力鍋または鍋
〈保温する〉
　新聞紙
　発泡スチロールの箱
　湯たんぽ
　タオル、温度計

難易度

こども興奮度

おおよその時間
1時間30分（仕込み）
（熟成に、2～3日）

> つとのなかを、24時間以上40℃に保つ。温度を保つために、4～5時間おきに湯たんぽのお湯を入れ替える

> 食べごろは、2～3日後！

❹ ワラづとを新聞紙で包み、湯たんぽに熱湯を入れる。
※水蒸気でワラづとが濡れないように、新聞紙でくるむ

❺ 湯たんぽをタオルで包んで箱の底に置き、その上にワラづとを寝かせる。
※発酵には酸素が必要。ふたは密閉しないようにする

❻ 20時間以上過ぎたら、一度ようすを見て、糸が引いていたら2～3時間外気に置いてから冷蔵庫に入れる。

加工の原理　納豆ができるわけ

納豆のはじまりは、ワラの上に落ちた煮大豆が糸を引いているのを、偶然見つけたことからとされています。
納豆をつくる納豆菌は、イネ科植物の枯れ草に多く住む枯草菌という菌の一種。特に、稲ワラにたくさんすみついています。煮た大豆に納豆菌がついた状態で40℃くらいになると、分解酵素をだして大豆のタンパク質をアミノ酸に変えます。これにより納豆のネバネバとうま味ができるのです。

稲ワラと大豆は相性ピッタリ

枯れ草納豆　おかず・おつまみ

実験

納豆菌は、枯れ草にすむ枯草菌の仲間。ではススキやササなどの枯れ草を使っても、大豆から納豆はできるのか!? 加えて、いろいろな豆でも実験。ネバネバ納豆になったのはどれ？

〈 いろんな枯れ草 × 大豆 〉

× エノコログサ

苦い焦げたような味。草のにおいも強め。粘りは中くらい。

"ねこじゃらし納豆"の響きがいい！

△ ススキ

枯れ草のにおいが、少し稲ワラに似ていた。やさしい味。粘りは少。

枯れ草といえばこれ！

△ ササ

少し苦い感じ。香りはササのにおいがして、いい感じでした。粘りは中。

いいにおいがしそう

○ ヨシ

香ばしい味。粘りが少なく、においもあまりしなかった。

河原で大量に入手

○ トウモロコシ

くせのない味、納豆臭がしっかりしていた。粘りは中。

豆を包みやすそう。畑でゲット

× アケビ

すっぱいにおい、とてもじゃないけど、食べる勇気なし。

枯れ草じゃないけど……

> **オヤジのふり返り**
>
> 菌は生き物ということを改めて感じました。やはり何かの条件が揃わないと、うまく発酵できず。市販の納豆のようには発酵しなかったけれど、いい線までいったと思う！

〈 稲ワラ × いろんな豆 〉

◎ ひよこ豆＋ワラ

納豆のにおいがして、粘りも少ないがあった。味にくせがなく、あっさり。

> 別名「ガンバルゾー」！
> オヤジ好みの豆だ！
> ※正しくは、「ガルバンゾー」です

◎ 赤えんどう豆＋ワラ

納豆の香ばしいにおいが！ 豆の甘味がありおいしかった。粘りもある。

> あんみつの
> みつ豆以外に
> 使い道はあるか！?

△ くらかけ豆＋ワラ

納豆のにおいはするが、少し苦い。

> 青大豆の一種だし、
> きっとイケる！

✕ 小豆＋ワラ

何の変化もない、小豆の味、粘りがまったくない……。

> 甘い納豆が
> できたりして!?

枯れ草納豆　おかず・おつまみ

ワラづとのつくり方

稲ワラで納豆をつくるなら、しっかりワラづとをつくりたい。ワラを束ねるときのしばり方は、簡単なのに外れにくいから、ほかのものにも使ってみたい。

材料　ワラつと1つぶん
稲ワラ…ひとつかみ(約30本)

道具
ハサミやカッターなど
鍋

①つとを1つつくるのに、ワラひとつかみほどが必要。

②まん中に2〜3本のワラをあてがい、束をぐるっと一周させる。

③あまった部分のワラをねじる。

④一周したところに、ねじった部分を輪にしてはさみこむ。

⑤束ねたところを2〜3本ずつ折り曲げ、端になるようにする。

⑥折り曲げたところの反対側を同じように結び、端を切りそろえる。

point 納豆菌以外の雑菌を死滅させるために、20分ほど蒸すか、強火でゆでる。大豆を仕込むのは、ワラが熱いうちに!

column 6

こどもの誘い方

こどもに真似される喜び

こどもの成長とともに、親の誘いに興味を示さなくなる日がやってきます。それは健全な成長のあかしですが、少しさびしい。しかしよく考えてみると、キャンプに行ったり、料理をしたり、トンデモ実験をしたり……、私自身はさまざまな体験をすべてやり尽くした感があるので、悔いはありません。
でもある夏、誘いに乗らなくなって久しい息子が、私がやったネタを自ら試し、自由研究にしていることが判明。完全なる"パクリ（真似）"です。これは喜ばしい。「おもしろ実験オヤジ」と認識した息子と、距離感は変わりましたが、私がやっていることをおもしろがっていることは、間違いありません。オヤジ実験（料理）は私の趣味。こどもが誘いに乗らなくなっても、気づくとついつい手や口を出したくなる、そんな実験を続けていきます。

お父さんを救うオヤジギャグ

こどもが料理に興味を持ちはじめた頃。何度かいっしょにすると「ぼくもういいや」と言われたことがありました。飽きたのかなと思っていたところ、家族に「お父さんは料理をしていると怖い」と指摘され、ハッとしました。私は板前修業時代の名残で、料理はいつも真剣勝負。早く・おいしく・きれい、にこだわっていたのです。
ちょっと肩の力を抜いて「この鍋の取っ手、とっても熱いよ〜」と、ギャグを言いながら料理をしたところ、こどもたちが「やりたい！」と戻ってきたのです。本当です。自分が楽しむ、その姿を見せる、これが一番の「こどもの誘い方」かもしれません。

ワイワイ
ガヤガヤ

友人一家とぬか漬け座談会。ときに友人を誘ってみてもいいかも

炊飯器甘酒

甘酒をじょうずにつくるなら
炊飯器の保温機能を使えば失敗なし。
材料を混ぜ合わせたら、あとは炊飯器におまかせ！
アルコールが入っていないから、こどももOK。

> 炊飯器の「おかゆ」機能を使う。ない場合は、ふつうの「炊飯」でOK

1 もち米を洗い、水3合を加えてよく吸水させ、おかゆをつくる。

2 おかゆができたら、お釜ごと炊飯器から出してしばらく置き、60℃前後になるまで冷ます。

> お米がひたひたになるくらい、お湯を入れる

3 米麹をほぐしながら**2**に入れたあと、60℃のお湯を加える。

---

point 甘酒の保存の仕方

甘酒が完成したら、一度鍋で煮ておくと、すっぱくなったり、雑菌が繁殖するのを防げる。

1 完成した甘酒が、まだ温かいうちに鍋に移し、沸騰直前まで5分ほど加熱する

2 粗熱をとったあと、密閉容器に移す。冷蔵で1週間、冷凍すれば3カ月ほど保存できる

材料　900cc分

- もち米…1合(180cc)
- 米麹…200g
- お湯(60℃くらい)…適量
- 水…3合(最初にもち米に吸わせる分)

道具

- 炊飯器
- ふきん
- 温度計

スーパーでは、漬け物や豆腐コーナーに置いてあることが多い

難易度

こども興奮度

おおよその時間
60分 + 7〜8時間
（仕込み）　（保温）

ホカホカ

❹ ❸を炊飯器に入れてぬれたふきんをかけ、ふたを開けたまま保温スイッチを入れる。

麹が水を吸い、時間がたつとお湯が少なくなってくる

❺ ひたひたになるくらいのお湯を、2〜3時間おきに加えてかき混ぜる。60℃を超えないようにする。

時間は目安。味見して、甘くなっていたら出来上がり

❻ 7〜8時間で完成。かなり甘くなるので、飲むときは水やお湯で薄めるといい。保存もできる。

加工の原理　甘酒が甘いのはなぜ？

米麹は、蒸したお米に麹菌をふりかけ、生育させたもの。
麹菌は、増えるときにアミラーゼやプロテアーゼという分解酵素を出します。アミラーゼがお米の持つデンプンをブドウ糖（甘みのもと）に、プロテアーゼがタンパク質をアミノ酸（うまみのもと）に分解するので、甘くてうま味のある、栄養満点な甘酒になるのです。
アミラーゼは50〜60℃でよく働き、70℃以上では働かなくなる（活性を失って反応しなくなる）ので、甘酒をつくるときは、温度管理がとても大切です。
麹菌は甘酒だけではなく、味噌やしょうゆ、日本酒などをつくるときにも欠かせないものです。

炊飯器甘酒　のみもの

デンプンの多い食材なら、お米じゃなくても甘酒ができるのでは？ ひと口大に切った素材を水で煮ておかゆ状にしたあと、麹を混ぜて炊飯器で保温してみた。

◎ サツマイモ

パンチのある甘さ。サツマイモが糖化した甘さに加え、米麹の甘さも加わった感じ。とてもおいしい！

サツマイモ（大きめ）1本、水400mL、麹200g

△ レンコン

さらりとした甘さ。レンコン自体の甘さというよりは、米麹の甘さかな？ あえてレンコンでつくらなくてもいいかも……。

レンコン（中）1節、水400mL、麹200g

◎ ジャガイモ

ジャガイモが完全に糖化した甘さが出て、おいしい。サツマイモよりはすっきりしていて、上品な味。

ジャガイモ3個、水400mL、麹200g

△ 大豆

大豆の味が残っていて、少し甘くなったかな〜といった感じ。大豆が糖化した甘さというよりも、米麹自体の甘さのような気がする。

ゆでたダイズ450g、水350mL、麹200g

> **オヤジのふり返り**
> 番外編に「紅麹＋もち米」でも甘酒をつくりました。最初は苦かったですが、2週間ほどすると味がまろやかに。今回はすべてはずれなしの味でした！

◯ 麦

ほんのりと甘く、くせのない味。これも、米麹自体の甘さかも？　まずくはない。

押し麦1合、
水360mL、麹200g

△ ダイコン

意外と甘さがある。ダイコンおろしは辛いのに、辛味はなくサッパリとした甘さになっていて、不思議。おいしくはない。

ダイコン1／2本、
水200mL、麹200g

△ カボチャ

カボチャ自体がもともと甘いので、そのまんまといった感じの甘さ。色は黄色でおもしろいが、甘酒にする意味はないかも。

カボチャ1／4個、
水400mL、麹200g

◎ 洋ナシ

フルーティーで上品な甘さ。洋ナシの甘さと米麹の甘さがまざりあった感じで、絶妙に調和した甘さ。おいしい！

洋ナシ（中）1個、
水400mL、麹200g

天然サイダー

炭酸水をつくるマシーンがあるらしいけれど、手づくり好きなオヤジにピッタリなのが、植物と砂糖水だけでつくる天然のサイダー。暖かくて新芽が芽吹く季節におススメ。

梅雨明け頃の松葉は、やわらかくてはずしやすい

干すと干し草のようなにおいになるので、洗った松葉は日なたに置かないようにする

1 新芽ごととってきた松葉の葉だけを指でしごいてはずす。
※枝を入れるとヤニくさくなるので入れない

2 はずした松葉を、ザルの上で3〜4回すすぎ洗いする。

3 ボトルに少し余裕があるくらいに、松葉をつめる。
※松葉についた酵母が、水をサイダーに変身させる

---

point サイダーの飲みどきは？

つくるときの気温によって、出来上がるまでにかかる時間は違う。飲みどきを、見極めよう。

ふたを少しゆるめると、シュッと音がするくらいが飲みどき

タイミングをのがすと、どんどん炭酸が弱くなり、酢みたいになる

材料

松の葉…4〜5本
（新芽のついた先の部分）

水…500mL

砂糖…55g

道具

500mLのペットボトル

膨らむので、側面が丸い、炭酸飲料の入ったボトルがおススメ

難易度

こども興奮度

おおよその時間
60分＋1〜2日
（仕込み）（熟成）

液を熱いまま入れると、松葉が傷んで色が茶色くなってしまう

天気がいいと、2〜3時間でシュワっと泡が出てくる

＼シュワっとする！／

④ 水500mLに対し約55gの砂糖を溶かして沸騰させ、人肌以下に冷ましてからボトルに流し入れる。

⑤ ボトルにゆるくふたをして、日なたに置く。

※外気温が低いときは、うまくサイダーにならないので、温かい室内に置く

⑥ 2〜3日間、日なたに置いて発酵をすすませれば完成。

加工の原理　サイダーになるのはなぜ？

天然サイダーのシュワシュワの正体は、酵母がせっせと糖を食べて（分解して）だした二酸化炭素が水に溶けたものです。酵母はあらゆる場所、とくに植物の葉やくだものの皮の上に多くいます。
ちなみに、サイダーとはもともと、アメリカで昔からつくられていた「cider（シードル）」からきています。ciderは、リンゴの皮についた酵母を利用してつくる、シュワっと泡がでるリンゴ酒です。

市販のサイダーは、人工的な炭酸ガスが入っている

天然サイダー　のみもの

実験

素材をペットボトルに入る大きさに切り、500mLの水に対して約55gの砂糖を溶かして沸騰させ、人肌まで冷ました砂糖水を加えました。砂糖水に漬け込むだけで、サイダーになるのはどれ？

○ 桑の葉

まあまあいける。味自体にあまりくせがなく飲みやすい。意外とシュワシュワ感があり。

○ ビワの葉

口当たりよく、おいしかった。かすかにビワの香りが上品な感じ。炭酸は弱。

× イチジクの葉

まずい！ あけるとわっとイチジクのにおい。イチジクの味が少しする。炭酸は弱。

× ゴーヤー

まずい!! 苦い!! 泡は立つが、シュワシュワ感はほとんどなし。

> **オヤジのふり返り**
>
> 素材が持っている糖分、仕込むときの天候によって、出来上がりが違ってくるようです。糖分の多い素材は、より炭酸も酸味も発生するということがわかりました。

○ メロン

まあまあいける感じ。薄味のリンゴ酢のような味。香りはメロン。炭酸は強。

○ バナナ

ふきだすくらいの強い炭酸。バナナフレーバーとアルコールのにおい。少し酸味がある。

◎ 干しイモ

体によさそうな味。泡がすごい！　酸味のきいたいいにおいで、サワードリンクのよう。

◎ 葉ショウガ

本格的なジンジャーエールに近い味で、おいしい！　炭酸は弱め。

こどもコーヒー

ヨーロッパではコーヒー豆が手に入らなかったとき、いろんな植物の根っこや穀物を炒ってひいて、代用コーヒーをつくったらしい。カフェインが入っていないから、こどもと飲むにはぴったり。

> ドングリを水に入れてみて、沈むもの＝実がつまっているものを使おう

か、かたい…

1 虫食いのない、新しいマテバシイを用意して、ペンチで殻を割り、なかの実を取り出す。

2 レンガなど、かたい台の上に、取り出した実を置き、金づちでたたいて砕く。

3 2〜3mmほどに細かくなったら、フライパンに入れ、弱火でじっくり炒る。

point マテバシイの見分け方

アク抜きの必要がないマテバシイは、ドングリクッキーなどにも使える。

クヌギ 　コナラ 　シラカシ 　マテバシイ

- 色は濃い茶色
- たてじまなどの模様はない
- ラグビー型ではなく、やや円柱型
- 底が少しへこんでいる

材料 約4杯分

ドングリ（マテバシイ）
…80g（20個ぐらい）

マテバシイは渋みが少ないので、アク抜きはいらない

道具

ペンチ
金づち
フライパン
ミル
（すり鉢とすりこぎでもOK）
コーヒーフィルター
コーヒーポット

難易度

こども興奮度

おおよその時間
1時間30分

煙が出たら、フライパンを火から離して温度を調整する。

4 全体が茶色っぽく色づくまで20〜30分、気長に炒る。

5 色づいた実を、ミルで粉砕する。すり鉢に入れ、すりこぎでつぶしてもいい。

香ばしい香り。おいしい！

6 完成！ フィルターでこして飲む。
※量が少ないときや、フィルターがないときは、お茶パックに入れて煮出してもOK

実験

苦味が少ない、マイルドな味わいになるのはどれ？　しっとりしていると焙煎に時間がかかるので、できるだけ乾燥させた状態から炒るといい。

△ **タンポポの根っこ**

やや苦くて漢方薬風。コーヒーには近いが……。

○ **大豆**

香ばしい大豆の香り…これは、きなこ！　わりとおいしい。

○ **玄米**

香ばしいお米の香り…これは、あられ！　玄米茶の風味。

こどもコーヒー　のみもの　71

手もみ紅茶

紅茶は緑茶と同じチャの樹の葉(茶葉)からつくる。だけど緑茶と色や味が違うのは、発酵させているから。葉を手でもんで、電子レンジを使って、本格的な紅茶をつくってみよう!

\ ホカホカ /

15分ごとに茶葉の上下をひっくり返しながら、1時間置く

1 葉をござなどに広げ、一晩陰干しする。干すことで水分をとばす(重さが30~40%減る)。

2 ビニール袋に葉を入れて、1時間ほどよくもむ。葉から汁が出て、さわるとあたたかい。

3 約60℃のお湯を入れたバケツにザルを渡す。ぬれタオルに**2**を包んで上から重しをし、蒸す。

加工の原理 茶葉の「発酵」

生の茶葉をもんで傷つけると、茶葉の細胞や組織がこわれて酸化酵素を含んだ汁が出てくる。これを空気(酸素)に触れさせると、酸化発酵がすすんで茶葉が変化し、紅茶独特の茶色い色や風味が出てくる。リンゴの皮をむいてそのまま置いておくと、表面が茶色っぽくなるのと同じ原理。紅茶をつくるときの"発酵"には微生物はかかわらないが、プーアール茶など、微生物の働きを利用して発酵させるお茶もある。

葉は汁が出るくらい、傷つける

材料

茶葉（新芽以外でもOK）
…300g（干す前の重さで）

茶葉を一晩干すと、重さが30〜40％減る

道具

ビニール袋、バケツ
ザル、タオル
レンガなどの重し
平らな皿
キッチンペーパー
ゴザ、電子レンジ（500w）

難易度

こども興奮度

おおよその時間
1日 + 2時間30分
（茶葉を干す）（手もみ）

真ん中をあけるのは、均一に熱を通すため

もむときは、手のなかに包み込むようにしてぐっと体重をかける

4 平らなお皿にキッチンペーパーを敷き、その上に蒸した葉をドーナツ状に置く。

5 電子レンジ（強）に3分かけたらゴザに広げ、ほぐしながらもむ。4回繰り返す。
※レンジにかける時間：1〜2回目は3分間、3〜4回目は2分間

6 乾燥が進むと、みるみるうちに黒くなる。茎がパチンと折れるようになったら、出来上がり。

実験

よい香りがしそうなもの、健康に良さそうなものを選んで紅茶にしてみた。茶葉に似た、テカテカした葉でも試してみるといいかも？

◎ **桜（葉）**

桜もちのようないい香り！苦味はなく、フルーティー。

× **リンゴ（皮）**

かすかにリンゴの風味がするだけ。色は一番紅茶っぽい。

○ **ドクダミ（葉）**

もんでいるときは独特のにおいがしたが、意外にもさわやかな風味。

\ 火を使うときに /

あると便利！手づくり道具

バーベキュー用のカセットコンロだけでなく、火を使うときには、こんな手づくり道具もおすすめです。

植木鉢釜

秋はやっぱり焼き芋。外でやりたいけど、落ち葉焚きはハードルが高い。ということで考案したのがこれ。煙もあんまり出ません。

用意するもの

同じ大きさの素焼きの植木鉢(8号)…2個
炭…適量(約3kg)
(直火がだめな場所では、バーベキュー用のコンロの上に植木鉢を置く)

着火剤(あれば火がつきやすい)
アルミホイル少々
軍手
トング(炭をはさむ)
サツマイモ…数本

焼き芋のつくり方

1. 2つの植木鉢の内側に、アルミホイルを敷きつめる。
2. 用意した炭を半分ほど、火をおこしておく。
3. 炭火を植木鉢のまわりに置いて、中にサツマイモを投入する。
4. 上からもう一つの植木鉢を重ねて、上の植木鉢の穴をアルミホイルなどでふさぎ、炭を1〜2個置く。
5. 残りの炭を継ぎ足しながら1時間半〜2時間待ち、サツマイモがやわらかくなったら、出来上がり。

※栗などを入れてもOK。ただ、栗には、必ず包丁で切れ目を入れておくこと

column 7

段ボールオーブン

憧れのピザ焼き石釜。でも場所やお金がかかる…、と悩んでいるなら、段ボールがあれば大丈夫！ いつでも、どこでも、だれでもピザ釜ができちゃいます。

用意するもの

❶ ダンボール…2箱重ねる※
※二重にするのは保温効果を高めるため。厚い箱なら一重でもOK

❷ 四角い焼き網、足のついた焼き網、丸い焼き網…それぞれ1枚

❸ アルミの皿…1枚

❹ アルミ製のレンジフード…1枚

クッキングシート、アルミホイル、炭…適量

ピザの焼き方

1 レンジフードを折ってダンボールの内側を覆う。

2 金網で棚をつくり、上段にピザ、下段に炭を入れるが、ピザを入れる前にアルミの皿に入れた、おき火状態の炭を入れ、オーブンを温めておく。

3 丸い焼き網にアルミホイルをかぶせ、その上にクッキングシートを敷いたピザを載せて、上段に入れる。

4 空気が送られるよう、レンジフードの下のトビラを開けておく。

5 焼きムラを防ぐため、途中で回転させる。20分ほどで焼きあがる。

組み立てる！

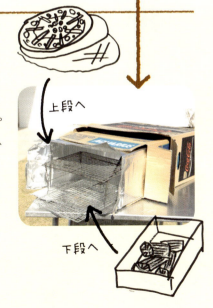

上段へ

下段へ

用語解説

あ

アク抜き →p16、p70
味や色を悪くしないために、野菜や山菜に含まれる苦味やえぐみを取り除くこと。熱湯でゆでたり水に浸けたりしてアクを溶けださせることが基本。さらにアクを溶け出しやすくするため、重曹や米ぬかなどを使うこともある。

圧力鍋 →p57
鍋とふたを密封することで内部に圧力をかけ、食材の火の通りを早くする鍋。圧力が上がると、沸点（沸騰するときの温度）が上がり、ふつうの鍋よりも高温で煮られるので、食材に火が通るのが早い。

アミノ酸 →p57
タンパク質を構成している要素で、甘味や苦味、うま味などのもとになる。

アミラーゼ →p26、p63
動物、植物、微生物の体の中にある、炭水化物（デンプン）を分解して糖をつくり出す酵素の総称。

アミロース・アミロペクチン →p17
お米のデンプンに含まれる成分。その比率によって、お米のねばりや硬さのバランスが決まる。アミロースが多いほどねばりけが少なくパサパサする。アミロペクチンが多いと、コシヒカリのようなねばりのあるお米になる。

アルコール発酵 →p54
酵母などの微生物が、酸素の少ない状況で、糖をエサにしてアルコールと二酸化炭素をつくり出すこと。

塩溶性タンパク質 →p41
魚や肉に塩を加えると溶けだすタンパク質のこと。これに熱を加えると、互いに絡み合って網目状になり、そのなかに水と脂肪を包み込むことで、独特の食感が生まれる。

か

カゼイン →p37
牛乳のタンパク質成分のひとつで、80％を占めるもの。牛乳の中ではカルシウムと結びついた形で存在している。弱い酸性になると固まる性質がある。

寒剤 →p31
氷と塩など、2種類以上の物質を混ぜ合わせて温度を下げる材料のこと。

寒天 →p7
テングサなどの海藻からねばねばした成分を抽出して凍らせ、乾燥させたもの。熱を加えると水に溶け、冷やすと固まる性質があるが、ゼラチンより高い温度で固まり、室温でも固まる。

グルテニン・グリアジン →p11
おもにコムギに含まれるタンパク質の成分で、グルテニンは弾力があるが伸びにくい性質を、グリアジンは弾力は弱いがねばりが強くて伸びやすい性質を持っている。この2つが結びつくと、弾力と伸びやすさを兼ね備えたグルテンになる。
「タンパク質」の項目も参照

くんせいチップ →p45
燻製に欠かせない、煙を出すために燃やす、木を細かくチップ状にしたもの。100円ショップなどでも手に入る。

コーンスターチ →p7
トウモロコシの実からつくられたデンプン。片栗粉と似ているが、温度が下がるととろみが少なくなる片栗粉と違い、加熱していったんとろみをつければ、温度が下がってもとろみが低下しにくい性質がある。そのため、かまぼこなどのねり製品や、カスタードクリームやプリンなどお菓子の原料によく使われる。

麹菌 →p63
カビの仲間で、コウジカビとも呼ばれる。デンプンなどの炭水化物を分解して糖をつくる。50〜60℃でよく働く。

酵素 →p27
生物は、自分のからだをつくったり、活動するエネルギーを得たりするために、体内で絶えず化学反応を起こしている。酵素は、その化学反応を促すもの。

酵母 →p51、p67
微生物の一種で、くだものの皮などに多く存在する。アルコール発酵をする酒の醸造や、パンづくりに利用される。30℃くらいの酸性条件でよく活動する。

枯草菌 →p57
自然界に広く存在する細菌で、イネ科植物の枯れ草に多い。

米麹 →p51、p63
米や麦などの穀類を蒸したものに、コウジカビなどの微生物を繁殖させたもの。コウジカビがつくりだす酵素のはたらきを利用して、味噌や醤油、酢などさまざまな加工食品がつくられる。

コラーゲン →p7
タンパク質の一種で、動物の皮膚や筋肉、内臓、骨などの組織の中で、細胞と細胞をつなぎ合わせる役割をする。

サク →p40
生魚の身を、刺身などにするときに切りやすいよう、長方形に形を整えたもの。

酒粕 →p51
日本酒は、米と米麹と水を発酵させてできる「もろみ」を絞りだしてつくる。酒粕は、もろみを絞ったときに残る、白色の固形物のこと。
「米麹」「発酵」の項目も参照

雑菌 →p62
いろいろな菌(微生物)のこと。利用しようとする目的の菌以外の、好ましくない菌のことをまとめて呼ぶことが多い。

酸化酵素 →p72
酵素のうち、酸素と結びつくと、その物質の性質を変える性質を持っているもの。
「酵素」の項目も参照

酸化発酵 →p72
微生物によってではなく、空気中の酸素と結びついた酸化酵素によって有機物を分解し、特定の物質をつくり出すこと。

浸透圧 →p20
濃度の違う液体が、植物の細胞膜のような膜で隔てられたとき、濃度が薄いほうから濃いほうに水分が移動する。そのとき膜にかかる圧力のこと。野菜を塩もみすると、野菜の細胞一つひとつから水分が外に出るので、野菜がしんなりする。

捨て漬け →p51
新しくつくったぬか床に、キャベツの外葉などの野菜クズを漬けること。つくったばかりのぬか床には乳酸菌が少なく、うま味成分が野菜に浸透しにくい。あらかじめ野菜クズの栄養分をエサにして乳酸菌を増やすことで、本漬けする野菜がおいしく漬かるようにする。

炭酸ガス →p67
二酸化炭素のこと。これが水に溶けると、炭酸水になり、清涼飲料などに用いられる。

タンパク質 →p7
動植物のからだをつくる、もっとも重要な物質のひとつ。

手水(てみず) →p17
料理で、水を手につけて、材料が手にくっつきにくくすること。お寿司などで、手に酢をつけるのは、「手酢」という。

デンプン →p11、p17、p27
植物の光合成によってつくられ、果実、種子、茎、根などに蓄えられる物質(多糖類の一種)。

納豆菌 →p15、p56
枯草菌の一種で、分解酵素を出して、タンパク質、炭水化物、硬い繊維などを分解する。50〜60℃でよく活動し、100℃でも死なない。稲ワラに特に多くすんでいる。

ビール →p51
ビールは、麦芽がデンプンを分解してつくった糖分をエサに、酵母が発酵してアルコールと炭酸ガスをつくり出すことで醸造される。酵母の発酵を止める加熱処理をしていないものが「生ビール」とされることが多いが、ほとんどの商

品が濾過して酵母を取り除いている。生きた酵母が入っている商品もある。
「麦芽」「発酵」の項目も参照

乳酸菌　→p37、p51
細菌の一種。乳酸をつくり、人間にとってよい働きをする細菌を総称したもの。特定の細菌を示すものではない。

乳清　→p37
牛乳のタンパク質成分のひとつ。ホエー（ホエイ）とも言う。加熱すると固まる性質がある。

は

麦芽　→p27
ムギ（ふつうはオオムギ）を発芽させたもの。種子が発芽するときにつくられるアミラーゼという酵素は、デンプンを分解して糖にする働き（糖化）がある。ムギはこの酵素がほかの種子に比べて多いため、水あめやビールなど、糖化を利用した食品加工をつくるときに使われる。
「アミラーゼ」の項目も参照

発酵　→p37
微生物によって有機物が分解され、特定の物質をつくり出すこと。乳酸菌の働きでできたチーズやヨーグルト、納豆菌の働きでできた納豆などは、発酵食品と呼ばれる。同じように微生物の働きで物質が分解されても、悪臭や有害物質を生じたりして人間が利用できないときは、腐敗と呼ばれる。

乳酸菌入り整腸剤　→p51
乳酸菌のつくり出す有機酸が腸の活動を活発にし、悪い菌が増えるのを抑えることに注目してつくられた薬。
「乳酸菌」の項目も参照

微生物　→p37
肉眼ではよく見えない微細な生き物を指す。細菌、酵母、菌類、原生動物など、含まれる生き物はさまざま。

フードプロセッサー　→p41
食材を切り刻んだり、混ぜあわせたりすることができる、電動の調理器具。硬くて乾燥した素材には合わず、野菜や肉など水分のあるものに使う。

プロテアーゼ　→p63
タンパク質を分解する酵素。タンパク質はアミノ酸が結合して構成されているが、プロテアーゼはそれをつなげている鎖を切断し、アミノ酸に分解する。
「タンパク質」「アミノ酸」の項目も参照

ペクチン　→p21
植物の細胞壁に含まれ、細胞どうしをつなぎ合わせる働きをする物質。化学的に合成したものは、ジャムやゼリーなどを固めるゲル化剤として使われる。

pH　→p21、p36
酸性・アルカリ性を示す値。7が中性で、それより値が小さいと酸性、それより値が大きいとアルカリ性。数値が小さくなるほど酸性が強く、大きくなるほどアルカリ性が強い。ペーハーとも読む。

ま

もち米　→p17、p27、p63
もちの原料となる米の種類。含まれるデンプンの成分は、ほとんどすべてがもちもちした食感のもとになるアミロペクチン。
「アミロペクチン・アミロース」の項目も参照

ミル　→p27、p71
乾燥した食材を細かくする調理器具。コーヒー豆を挽くときなどに使われる。

もち粉　→p14
米を粉に挽いたもののうち、もち米を原料にしているもの。もちもちとした食感と、伸びやすい生地ができ、おもに和菓子の材料に使われる。

や

湯たんぽ　→p57
金属やゴム、プラスチックなどでできた容器にお湯を入れ、容器から伝わる熱で温める、昔ながらの暖房器具。

材料さくいん（食材別）

野菜
青ジソ…18
アボカド…29
エダマメ…33
エリンギ…52
オクラ…22
カボチャ…28、65、(皮) 46
キクイモ…28
ゴーヤー…32、68
ゴマ…23
コマツナ…18
サツマイモ…28、64、69
シシトウ…53
ジャガイモ…28、52、64
シュンギク…18
ショウガ…23、32、(葉) 69
ダイコン…65
タケノコ(水煮)…53
タマネギ…48
トウガラシ…51
トウモロコシ(皮)…58
トマト…22
ニンジン…9
ハクサイ…22
パプリカ…22、52
ミニトマト…52
レンコン…64

くだもの
アケビ…58
イチゴ…8、21、33
イチジク(葉)…68
キウイ…8、29
グレープフルーツ…38
パイナップル…38
バナナ…29、33、69
ビワ(葉)…68
メロン…69
洋ナシ…65
リンゴ…24、(皮) 47、73

豆
赤えんどう豆…59
小豆…59
くらかけ豆…59
大豆…57、64、71、(豆腐) 46
ひよこ豆…59

米
玄米…71
米麹…51、63
ぬか(炒りぬか)…51
もち米…27、63

雑穀
麦…(麦芽) 27、(押し麦) 65

粉
片栗粉…41、48
コーンスターチ…6
小麦粉(強力粉)…11、(薄力粉) 41
上新粉…17
白玉粉…17、34
もち粉…14

肉
豚ひき肉…48

魚介類・魚介加工品
アジ…42
イカ…42
エビ…42
カレイ…43
クジラ…42
サバ(塩焼き)…53
サケ…43
シシャモ…46
タイ…41
マグロ…43

魚介加工品
カニカマ…47
乾燥昆布…23、47
はんぺん…47

ハーブ
セージ…48
ホップ…12
ミント(生葉)…13、19
ローズマリー…48
ローリエ…46

雑草
エノコログサ…58
オオバコ…19
ササ…58
ススキ…58
タンポポ…19、(根) 71
ドクダミ…46、73
ハハコグサ…18
ヨシ…58
ヨモギ…17

樹木
桑(葉)…68
桜(葉)…73
茶…(緑茶葉) 13、(紅茶葉) 47、(番茶) 47、(生葉) 73
松(葉)…67
マテバシイ(ドングリ)…71

調味料・製菓材料
こしあん…14
粉ゼラチン…7
シナモンパウダー…12
しょうゆ…39
酢…38、39
ハチミツ…7、12
味噌…8、(八丁味噌) 23、33
みりん…51
水あめ…34

ジュース
果汁ジュース…7
コーラ…39

お酒
赤ワイン…39
ビール…9、(生ビール) 51

ジャム
ブルーベリージャム…13
マーマレード…9

乳製品
牛乳…31、34、37、38、39
生クリーム…31、34
ヨーグルト…9

おかし
せんべい…46
大福…47
ドライフルーツ…46
ナッツ…47

その他
梅干し…8、38
コーヒーかす…46
酒粕…32、51
卵…34、(ゆで卵) 53
ふりかけ(ゆかり)…13

著者紹介

岡本　靖史（おかもと　やすし）

1965年兵庫県生れ。板前修業、自然食レストラン店長を経て、現在は食を通じて障害者の就労支援を行なう障害者福祉サービス事業所「しおかぜ作業所」所長。名古屋を中心に活動する「おやじの休日の会」代表。3児の父。

本書は、こども農業雑誌『のらのら』（農文協）の連載が元になっています。私もわが子と一緒にずいぶん楽しみました。今、こどもたちは成長し、以前のように一緒にやることは少なくなりました。でも私は変わらず実験みたいな料理を続け、こどもたちも遠巻きにおもしろがって、たまには口や手が出てきます。
"台所荒らし"のような私を理解してくれている妻には、心から感謝しています。みなさんもぜひ、家族を巻きこんで、楽しんでくださいね！

ひらめき！　食べもの加工　おもしろ実験アイデアブック

2015年1月15日　第1刷発行

著　者　　　岡本　靖史

発行所　　　一般社団法人　農山漁村文化協会
　　　　　　〒107-8668　東京都港区赤坂7丁目6-1
　　　　　　TEL 03-3585-1141（営業）　TEL 03-3585-1145（編集）
　　　　　　FAX 03-3585-3668　振替 00120-3-144478
　　　　　　URL http://www.ruralnet.or.jp/

ISBN 978-4-540-14177-5
＜検印廃止＞
©岡本靖史2015　Printed in Japan

編集制作　（株）農文協プロダクション
デザイン　野瀬友子
写　真　　久野充敬、「のらのら」編集部
印刷・製本　凸版印刷（株）

定価はカバーに表示。乱丁・落丁本はお取り替えいたします。